Britta Neubacher 3/02

Ellersiek / Berührungs- und Handgestenspiele

Wilma Ellersiek

Berührungs- und Handgestenspiele

für Kinder zwischen 0 und 9 Jahren

Herausgegeben von
Irmela Möller, Jürgen Möller
und Ingrid Weidenfeld

Verlag Freies Geistesleben

Die Herausgeber:

Irmela Möller. Geboren 1944 bei Stuttgart. Ausbildung zur Heilpädagogin am Rudolf Steiner Seminar in Eckwälden / Bad Boll. Drei eigene Kinder. Mitarbeit auf der Kinderstation der Filderklinik und dann in ärztlicher Praxis mit ambulanter heilpädagogischer Arbeit, bei der intensiv die Berührungs- und Handgestenspiele angewendet werden.

Dr. Jürgen Möller. Geboren 1942 in Hamburg. Kinderarzt und Arzt für Kinder- und Jugendpsychiatrie in freier Praxis in Hannover mit Schwerpunkt Anthroposophische Medizin, Homöopathie und Familientherapie. Seit 1983 mit dem Werk von Wilma Ellersiek bekannt und mehrere persönliche Begegnungen mit ihr. Einsatz der Berührungs- und Handgestenspiele zur Therapie in der Praxis.

Ingrid Weidenfeld. Geboren 1956 in Stuttgart. 1975 bis 1982 Rhythmik- und Violinstudium an der Hochschule für Musik und Darstellende Kunst Stuttgart. Innerhalb des Regelstudiums Rhythmik-Spezialausbildung bei Frau Prof. Wilma Ellersiek im Fach «Rhythmik für das Vorschulkind». Diplom-Abschluss in beiden Studiengängen.
1978 bis 1984 intensive Unterrichtstätigkeit mit dem Spielkomplexmodell von Wilma Ellersiek (Mutter-Kind-Rhythmik) an einer Familienbildungsstätte und Violinunterricht an einer Jugendmusikschule.
1984 bis 1997 Dozentin für die von Wilma Ellersiek entwickelte Vorschul-Rhythmik an der Hochschule für Musik und Darstellende Kunst Stuttgart. Daneben ständig Durchführung von Rhythmik-Kursen für Vorschulkinder und Eltern.
Ab 1997 für vier Jahre Mitglied der freien Musikschule «balance – Forum für Musik» in Stuttgart als Lehrkraft für die musikalische Frühförderung (wiederum mit dem Ellersiek-Modell) und für Violine.
Seit Herbst 2001 Aufbau eines Kurs- und Ausbildungssystems in Stuttgart für die Handgestenspiele, die Liebkoschen und die Spielkomplexe von Wilma Ellersiek.

Alle Rechte, insbesondere das Recht der Vervielfältigung sowie der Übersetzung, sind vorbehalten. Kein Teil des Werkes, insbesondere die Notenbilder zu den Liedern, darf in irgendeiner Form ohne schriftliche Genehmigung des Verlages reproduziert oder unter Verwendung elektronischer Systeme verarbeitet, vervielfältigt oder verbreitet werden.

ISBN 3-7725-1982-2

1. Auflage 2001
Verlag Freies Geistesleben
Landhausstraße 82, 70190 Stuttgart
Internet: www.geistesleben.com

© 2001 Verlag Freies Geistesleben & Urachhaus GmbH, Stuttgart
Zeichnungen und Umschlagillustration: Friederike Lögters
Gedruckt auf Epos 100 g TCF, hergestellt von Klippan Papier,
im Vertrieb bei Classen-Papier
Druck: Druckerei zu Altenburg, Altenburg/Thüringen

Inhaltsverzeichnis

Grußwort	7
Vorwort der Herausgeber	7

Die Liebkoschen — 11

Die sprachliche Gestaltung der Spiele	13
Nachahmend lebt sich das Kind in die Welt ein	13
Die Bewegungen	16
Sprüche und Spiele für die werdende Mutter	19
Du willst kommen	20
Strampelbein	22
Die vorgeburtliche Bindung zwischen Mutter und Kind	23
Sprüche für Kinder im Brutkasten und für behinderte Kinder	25
Mit meinen Händen decke ich dich zu	26
Wachsen und Gedeihen	26
So wie Du gekommen	27

Rhythmisch-musikalisch gestaltete Hand- und Körperberührungsspiele — 29

Alle Fünf	30
Zubbele – Zub	31
Bandel-Bandele	32
So macht es das Schneckelein	33
Zip – Zap – Zip – Zap	35
Dicker Hans und dünne Liese	36
Regen	38
Du – pi – dehn	40
Strimpel – Strempel	41
Krabbe – krabbe – krabbe	44
Ma – ma – meh	45
Rund	47
Rückele streichen	48
Bssssss! (Scherzli)	50
Besuch	52
Burre – bum (Lied)	54
Ba – ba – Buuh	57
Eia – Beia – Backchen	59
Weiches Schöpfele auf dem Köpfele	60
Troppe – Tröpfele	62
Trocken-Reiben	64
Da lacht es, mein Kindlein	66

Selbst-Berührungsspiele — 69

Möchte träumen gern vom Schnei'n	70
Glitzt – glitzt und taut	75
Die Katz	78
Das Bum und Batsch	80

Armtrage- und Armhalte-Verse — 83

Alle die Sternlein (Lied)	84
Ein Vögelein sitzt auf dem Baum	86
Das Herz macht: Klopf – klopf – klopf	87
In Vaters Arm	87

Anhang — 89

Die Wirkung der Spiele bei Kindern	90
Die Wirkung der Spiele bei Erwachsenen und alten Menschen	94
Wilma Ellersiek, ein Leben für den Rhythmus	96
Anmerkungen	98
Adressen	98

Das Kind lebt noch mehr in seinem Ursprung. Es strebt in das Tagesbewusstsein hinein, aber sein Tagesbewusstsein ist fortwährend durchmischt vom Nachtschlaf, von dem heiligen Eintauchen in das Reich der Engel. Wenn man Kinder schlafen sieht, hat man eigentlich immer das engelhafte Bild des ursprünglichen Menschen vor sich.
Kinder können ja so von ganzem Herzen schlafen, weil sie diese Engel-Seite der Welt noch «kennen».

K. von Wistinghausen

Grußwort

Seit Jahrzehnten bin ich mit dem Werk von Wilma Ellersiek tief verbunden. Es erscheint mir wie ein Keim, der für die Zukunft unserer Kinder große Bedeutung hat. In der heutigen Zeit wird das Kindeswesen oft tief gekränkt durch eine materialistische Lebenseinstellung, unsere heutige Bewusstseinslage und die gesellschaftlichen Verhältnisse. Frau Ellersiek hat mit ihren Berührungs- und Handgestenspielen ein Gegengewicht geschaffen aus ihrer vertieften Erkenntnis des Wesens des kleinen Kindes. Es entstehen wieder Räume, in denen das Kind leben und gesunden kann und Eltern und Erzieher und alle, die mit Kindern zu tun haben, bekommen ein Handwerkszeug, das aus der Verantwortung für die Würde des Kindes entspringt.

Ich bin tief dankbar, dass ich diesen Impuls in vielen Kursen zum Wachsen bringen durfte und jetzt erlebe, wie er weltweit Früchte trägt. Ich freue mich über die Herausgabe des Werkes, das so lange der Veröffentlichung harrte und wünsche ihm eine weite Verbreitung.

Klara Hattermann   Januar 2001

Vorwort der Herausgeber

Die hier vorgelegten Berührungsspiele oder «Liebkoschen» verdanken wir Frau Professor Wilma Ellersiek.

Sie wurde immer wieder gebeten, die Spiele in Buchform zu veröffentlichen, nachdem sie etwa 20 Jahre lang in kleineren und größeren Menschenkreisen an Interessierte, an Mütter und Väter weitergegeben und geübt wurden. Zahlreiche Kopien mit den oft handschriftlichen Darstellungen und genauen Hinweisen und Zeichnungen zu den Spielen wurden nach den Kursen ausgeteilt und ermöglichten so das weitere Üben und die Korrektur. Im Laufe der Jahre wurden auch von der Autorin kleinere und größere Veränderungen angegeben.

Das Erscheinen in Buchform hat Vorteile, die gediegene Darstellung, die Vollständigkeit, aber es gibt auch Nachteile: bisher wurden die handschriftlichen Darstellungen von Frau Professor Ellersiek gegeben an Teilnehmer von Einführungs- und Übungsseminaren. Sie erhielten die Blätter der Spiele, die geübt wurden. Das Üben unter anfänglicher Anleitung ist auch nach Erscheinen der Bücher wünschenswert, um die Spiele richtig zur Wirkung kommen zu lassen. Das Üben im stillen Kämmerlein bleibt uns weiterhin nicht erspart nach Herausgabe der Bücher. Es wollen die Inhalte ebenso gründlich geübt sein wie eine Sonate für den Musiker. Es nützt nichts, wenn die Bücher im Schrank stehen und die Spiele nicht gearbeitet werden oder wenn gar mangels Anleitung sich allzuviel Subjektives in das Spiel mischt.

Zur Entstehung

Die Autorin war von 1958 bis 1981 Professorin an der Hochschule für Musik und Darstellende Kunst in Stuttgart. Ihr eigentliches Arbeitsfeld war die Schauspieler-, die Sprecher-, die Rhythmiker-Ausbildung und das Inszenieren von Aufführungen. Ganze Generationen von Rhythmikern, Schauspielern und Sprecherziehern hat sie zusammen mit ihren Kollegen ausgebildet. «Auf der Höhe ihrer erfolgreichen Tätigkeit wendet sich Wilma Ellersiek mit der ihr eigenen Entschiedenheit, die keine Halbheiten zulässt, einem Arbeitsbereich zu, in dem keine spektakulären Erfolge zu erwarten sind: sie geht zu den kleinen Kindern!
Abseits aller Betriebsamkeit entwickelt sie im Schutze der Hochschule Spiele, Texte, Lieder und stellt sie in einen größeren Zusammenhang von ‹Spielkomplexen› für Mutter und Kind. Die Phantasiewelt der Vorschulkinder, die noch von den Urphänomenen der Schöpfung gespeist wird, wird nun ihre Welt. Hier kann sie alle Bewegungen, Klänge, Handgesten, Sprachgebärden, die ihr in überreichem Maße zur Verfügung stehen, auf den letzten einfachen Nenner bringen. ... Das lässt sich nicht im ‹Handumdrehen› machen, das will genauso gründlich geübt werden wie etwa ein Präludium von Bach oder eine Sonate von Mozart.»[1]

Das Anliegen

Aus dem Umgang mit den Spielen und aus persönlichen Mitteilungen der Autorin wird deutlich:
Liebe schenken, Freude bringen, das Motto eigentlich aller Spiele, entspringt einem tiefen merkuriellen, das heißt therapeutischen Impuls, einer Zeitnotwendigkeit angesichts der von Menschen gemachten Nöte unserer Kinder. Es ist ein merkurielles, therapeutisches Werk! Wie viele Künstler erlebte auch die Autorin den Heilbedarf in unserer Zeit und reduzierte ihr großes Können, stellte es in den Dienst unserer Kinder. In den Jahren 1967/1968 begann sie mit rhythmisch-musikalisch gestalteten Spielen in Mutter-Kindgruppen an der Musikhochschule, die ihr freie Hand gab und einen neuen Studiengang hierfür einrichtete, als Gegenkraft zu den einsetzenden «Frühlernprogrammen». Dieses geschah in Zusammenarbeit mit Klara Hattermann von der internationalen Waldorfkindergarten-Vereinigung. Frau Hattermann schützte und ermutigte den noch jungen, pionierhaften und neuen Weg und Zugang zum Kind, denn wie alles Neue und Ungewohnte wurden auch die Berührungs- und Handgestenspiele argwöhnisch beäugt.
Frau Hattermann begann 1981/1982 den Impuls in die Welt hinaus zu tragen, fand begeisterte Teilnehmer ihrer Seminare, welche die Spiele zum Teil auch in fernen Ländern pflegten und in Kursen verbreiteten, nach Übersetzung ins Englische, Japanische und andere Sprachen.
Jedes Zeitalter hat seine eigenen Probleme, besonders die Kinder tragen die Folgen von Erziehungsunsicherheiten, Reizüberflutung durch Technisierung, zu wenigen nachahmenswerten Vorbildern, Bewegungsmangel, Bindungsverlust und Bindungs-Unsicherheit. Wilma Ellersiek beschränkte sich nicht darauf, Heilmittel aus dem schon vorhandenen Arsenal der Therapien aufzuwärmen, sie schöpfte immer Neues, Ursprüngliches, am Wesen und an den Bedürfnissen der Kinder Abgelesenes und gab die Methode an, wie es weitergegeben, multipliziert werden kann, immer for-

schend, immer suchend. «Unzulänglich» empfand sie dennoch ihre Bemühung. Herbert Hahn ermutigte sie mit dem Hinweis von Rudolf Steiner: «Die geistige Welt nimmt Begeisterung stellvertretend für Reife».

Innere und äußere Einstellung

Wenn auch der Schwerpunkt dieses Bandes auf dem ersten Jahrsiebt liegt, können die Spiele situationsgemäß «für kleine, große, junge, alte, gesunde, kranke, geschädigte und behinderte Menschenkinder» (Wilma Ellersiek) gemacht werden. In einer heilpädagogisch-ambulanten Praxis wurde zum Beispiel intensiv mit den Spielen gearbeitet und dabei erlebt, welch ordnende, harmonisierende und nachahmungsfördernde Wirkung von ihnen ausgeht. Einen besonderen Stellenwert hatten die Berührungsspiele oder, wie Frau Ellersiek so nett sagt – «Liebkoschen». Selbst sechs bis siebenjährige Lausbuben konnten damit erreicht werden (zum Beispiel mit «Eia-Beia-Backchen» oder mit «Bandel-Bandele»)
Wir erleben bei vielen Kindern große Sehnsucht nach einer objektiven liebevollen Berührung, nach Leiberfahrungen und Leibgrenzen, die ihnen helfen, sich ganz in ihren Körper einzuleben, bis in die Fingerspitzen und Zehen hinein. Erst wenn das Kind sich wohl in seinem Körper fühlt, gut inkarniert ist, kann es in gesunden Kontakt zur Außenwelt treten und wenn liebevolle, behutsame Berührungen in den Leib wie eingeprägt sind, kann es auch leichter behutsam pflegend mit Pflanzen, Tieren, Menschen und Dingen seiner Umgebung umgehen. Wir pflegen mit den Berührungsspielen vor allem den Tastsinn, den Lebenssinn, den Eigenbewegungs- und den Gleichgewichtssinn. Von deren guter Ausbildung hängt viel für das spätere Leben ab. Rudolf Steiner wies schon früh auf die Bedeutung der Pflege der Sinne hin. Heute bändigt sich ja die Wissenschaft vom Kinde an die Ergebnisse der Geisteswissenschaft heran und erkennt das fundamental Wichtige dieser basalen Sinne.

Im ersten Lebensjahr sind es ja vor allem die täglich wiederkehrenden pflegerischen Maßnahmen, die dem Kind Sicherheit und Wohlgefühl vermitteln, wenn sie in heiterer, ruhiger Gesinnung durchgeführt werden.* Wenn man dann später mit den Berührungsspielen beginnt, so geschieht es liebevoll heiter und sanft, im Erspüren des Bedürfnisses des kleinen Kindes, geduldig auch, sensibel eingehend auf das, was vom Kinde kommt. Im dritten Lebensjahr ist dann eine wachsende Offenheit zu erleben, zunächst vielleicht über einen Umweg. Die Mutter macht zum Beispiel das Spiel zuerst bei sich selbst, einem Geschwisterkind oder der Puppe und wartet ab, bis das Kind auch möchte. Bei sehr empfindlichen oder autistischen Kindern verzichtet man zunächst (oft lange Zeit) auf die direkte Berührung, macht die Gesten über oder um das Kind herum mit einem Luftpolster. Arbeitet man mit Kindern im Schulalter, bis in die 2. oder 3. Klasse hinein, so ist ein geschützter Raum für die Anwendung der Berührungsspiele notwendig, eine Einzelsituation. Dann lassen Kinder die Berührungsspiele gerne zu, die sie vielleicht in der Gruppe als «Babykram» abwerten würden und erfahren eine

---

* Der Ansatz von Emmi Pikler, *Friedliche Babys, zufriedene Mütter* (Herder Verlag) stellt die hier angedeutete Pflegehaltung dar, welche auch in Kinderheimen Hospitalismus vermeiden hilft. Der Ansatz stützt eindrucksvoll die Aussagen von Wilma Ellersiek

Nachreifung und Verwandlung. Aber auch wir Erwachsenen erfahren beim Üben der Berührungsspiele eine Wandlung. Wir finden zur inneren Ruhe und Konzentration, wenn wir uns mit unserem ganzen Wesen ichhaft mit den Bewegungen verbinden, sie achtsam führen, Wärme und Liebe durch unsere Arme in die Hände strömen lassen, unsere Emotionen ablegen und uns in einen weiten Raum hineingestellt fühlen, der uns mit der Welt verbindet, aus der das Kind zu uns gekommen ist. Dann dürfen wir Mittler sein, unsere Berührungen bekommen eine andere Qualität und wir schaffen für das Kind einen Raum auf Erden, in dem es wachsen und gedeihen kann.

Liebe Leserin, lieber Leser,
Sie haben jetzt sicher Lust, für sich eine Auswahl zu treffen und mit dem Üben anzufangen. Nun sind den Spielen noch anspruchsvolle Texte vorangestellt. Darin spricht Frau Ellersiek ihre Gedanken aus über das Wesen der Berührung, die innere Haltung und die sprachliche Gestaltung, um die der Ausführende sich bemüht. Diese Texte nur einmal zu lesen reicht sicher nicht aus. Die Erfahrung hat gezeigt, wie das Gedankengut sich in der Wiederholung immer mehr entschlüsselt und verlebendigt, uns immer besser einstimmt um sachgemäß mit den Spielen umzugehen, so wie sie von der Schöpferin gedacht sind.
Auch bei der Arbeit in der heilpädagogischen Praxis, wie es weiter oben beschrieben ist, waren die Texte Leitfaden und sind immer wieder gelesen und überdacht worden, ebenso als innere Einstimmung zu Kursen und Seminaren. Aus dieser Kraft heraus war es dann möglich, den Kindern die Hilfe zu bringen, die sie heute brauchen.

Dr. Jürgen und Irmela Möller   *Februar 2001*

Die Liebkoschen

Liebkoschen sind kleine rhythmisch-musikalisch gestaltete Finger- Hand- und Körperberührungsspiele, die die Mutter oder der Vater dem Kinde angedeihen lassen, teilweise bereits für das wenige Wochen alte Kind geeignet. Diese kleinen Spiele, auch in Verbindung mit den Wiegenliedern in der Quintenstimmung, (siehe den Band *Wiegen und Ruhelieder* von Wilma Ellersiek) ermöglichen dem kleinen Kind eine freudige und vor allen Dingen angstfreie Begegnung mit der es umgebenden Welt. Somit können diese Spiele eine wesentliche Hilfe sein auf dem beschwerlichen Weg ins Erden-Dasein.

Das Kind inkarniert sich durch das «Sich-Stoßen» an der physischen Welt. Als Ergänzung zu diesem harten Vorgang des «Sich-Stoßens» muss aber auch die zarte, behutsame, «liebkosende» Berührung erfahrbar werden, dadurch kann sich das Kind wie eingeladen fühlen, es kann sich voller Zutrauen und voller Vertrauen mit der Erdenwelt verbinden. Die Erfahrungen behutsamer, behütender Gesten entwickeln im Kinde die Fähigkeit des zarten, ja des zärtlichen Umgangs mit Dingen, mit Pflanzen, Tieren und Menschen, diese Erfahrungen der liebkosenden Berührungen schaffen die Grundlage für die Ehrfurcht vor dem Leben und für die Bereitschaft, es zu beschützen und zu bewahren.

Wenn ein Mensch einen anderen Menschen berührt, können damit sehr selbstsüchtige Empfindungen zum Ausdruck gebracht werden, zum Beispiel Zorn oder Verlangen. Eine Berührung kann aber auch wie eine Bestätigung oder eine Versicherung wirken, sie kann zum Ausdruck bringen, dass wir den anderen akzeptieren und seine Daseinsberechtigung anerkennen. Der Mensch hat das natürliche Bedürfnis, von jedem, mit dem er Umgang hat, als Individuum anerkannt zu werden.

Von Kindheit an unterscheiden sich die Menschen sehr in ihrer Bereitschaft, andere zu berühren oder selbst berührt zu werden. Mütter oder Väter, die ihrem Kinde gegenüber Berührungen ausweichen, können dauerhaften Schaden anrichten, während sie andererseits in der Lage sind, dem Kinde durch eine zarte Berührung bei tiefem Schmerz oder einem Schock, helfend und heilend zu wirken.

Nicht von ungefähr ist es auch, dass es in allen Völkern Riten gibt, die mit dem Auflegen der Hand verbunden sind, zum Beispiel das Erteilen des Segens durch Handauflegen auf den Kopf.

Die deutsche Sprache hat für die zarte Berührung zwei Ausdrucksweisen. Es gibt das Wort «kosen» und das Wort «schmusen». Schon der Wortklang macht den Unterschied klar. Man muss lernen ein Gespür dafür zu entwickeln, wie in dem Wort «kosen» etwas von dem behutsam Zurückhaltenden und in dem Wort «schmusen» etwas Besitzergreifendes zum Ausdruck kommt. Die Art der Liebkoschen, die ich meine sind von der Ehrfurcht bestimmte Berührungen, die der Erwachsene dem kleinen Kind zukommen lässt. Die Zuwendung des Erwachsenen zum Kinde ist eine selbstlose, behütende, umhüllende, für sich selbst nichts in Anspruch nehmende. Es muss dazu von dem Ausführenden eine Zurückhaltung geübt werden, um den Raum frei zu halten, von egoistischen Gefühlen, von Selbstgenuss.

> Liebkosung aber ist Wohnung und Obdach.
> Ich liebkose das Kind, um es zu behüten
> und es erhält dadurch ein Zeichen
> auf dem Samt seines Gesichtes.
> *Antoine de Saint-Exupéry*

Die rhythmisch-musikalisch gestalteten Berührungs-Sprechspiele müssen so umgesetzt werden, dass sie frei von subjektiven Emotionen und Meinungen bleiben. Der Berührungsvorgang ist eine objektive, überpersönliche, reine «Motion» (Bewegung). Es gilt sich zu orientieren an dem geistigen Wesen von Bewegung und Sprache. Das pulsierend Strömende, (Rhythmus), das atmend Schwingende, (Klang), und die darin wirkenden kosmischen Kräfte und Ordnungen sind die Grundlagen der Gestaltung. Die zärtliche, behutsame Liebkosung durch den Menschen erhält so eine höhere Qualität und tiefgehendere Wirkung; sie wird zur selbstlosen behütenden Gebärde, die einen Schon- und Schutzraum für die Kindheitskräfte und das Kindeswesen zu schaffen vermag. Es ist eine andere Ebene als die der natürlichen Berührung, sie ist religiöser Art.

Durch die künstlerisch gestalteten Liebkoschen oder Erzählchen, wie ich sie auch gerne nenne, mit gereimten Versen und Silbenfolgen kann der notwendigen Objektivität Rechnung getragen werden und religiöses, das heißt geistdurchwirktes Tasterleben vermittelt werden, das ein «Gott-Gefühl» hervorzurufen vermag.

Man muss in der Erziehung des kleinen Kindes darauf aufmerksam machen, dass das Kind nicht nur seine irdische Umwelt hat, sondern auch «Welt» das Kosmische, das Himmlische. Die kosmisch-himmlischen Kräfte strömen durch die selbstlose Berührungsgeste mit herein, dringen ein, durchdringen den ganzen Leib des Kindes, je mehr man sich durch sein Verhalten zum Boten dafür machen kann und seine subjektiven Gefühle und Meinungen zurückhält, Verzicht übt. Es kann dann der Tastsinn dem kleinen Kind kosmische Ordnungen erfahrbar machen.

Mit der Geburt erhält das Kind einen unfertigen Leib. So ist es in den ersten sieben Jahren seines Lebens ganz verwoben in den Schöpfungsprozess der Organbildung des Leib Auf- und Umbaues. Dieser Schöpfungsprozess, «Schöpfungswalten», ist Engelwirken (Geister der Form), und vollzieht sich in der Leibwerdung. In diesen ersten sieben Jahren ist das Kind leiblich durch und durch fromm. Durch die selbstlose Berührung von menschlicher Hand und Stimme kann das Kind leibliches Wohlbehagen, welches die künstlerisch gestalteten Liebkoschen in ihm hervorrufen möchten, in seiner reinsten Form erfahren, ungetrübt durch menschliche Selbstsucht, denn leibliche Berührung tendiert zum selbstsüchtigen Genießen. Diese Vorgänge bleiben im Unbewussten, es wird dabei die leibliche Grundlage gelegt für ein späteres seelisches geistiges «Gottvertrauen».

Der Erwachsene, dem das Kind anvertraut ist, kann sich jedoch in diesen aus dem Alltag hervorgehobenen kurzen Momenten spezieller berührender Zuwendung immer wieder bewusst werden und sich bewusst machen, dass er sich im Bemühen um die objektiven, überpersönlichen Berührungsgesten in besonderer Weise zum Mithelfer des Engelwirkens machen kann. Er wird daraus Kraft gewinnen können für den Auftrag, in der Erziehung, Helfer des Kind-Engels zu werden.

Die sprachliche Gestaltung der Spiele

Für alle rhythmisch-musikalisch gestalteten Liebkoschen und Körperberührungsspiele ist der Umgang mit der Sprache von großer Wichtigkeit. In diesen Spielen tritt die Wortbedeutung in den Hintergrund, dem Kinde sollte ein rhythmisiertes, musikalisiertes und dynamisiertes Sprachgeschehen angeboten werden. Die Plastik der Laute, die «Gebärde» der Worte, der rhythmisch-pulsierende Sprachfluss, das melodische Klingen, die Vielfalt der Klangfarben, die Differenzierung der Klangstärken sind es, auf die beim Üben die Aufmerksamkeit gelenkt werden muss.

Es ist ein dem Singen nahestehendes, aus der Prosa herausgehobenes Sprechen. Die üblichen Rufterzen sind zu vermeiden, durch sie entsteht eine unerwünscht stereotype Sprachmelodie. Stattdessen orientiert sich der Klang der Worte an der Sprachgebärde, es kann dadurch eine Tonhöhen- und Klangvielfalt entstehen, deren Notation gar nicht möglich wäre. Dem Kinde wird auf diese Weise ein tonhöhenreiches Klangereignis und ein objektives musikalisches Geschehen ohne Dramatisierung erlebbar.

Im Vordergrund steht also das schöpferische, künstlerische Wesen der Sprache und nicht die Begriffe. Das Kind erfährt und erlebt im Eintauchen in den stattfindenden Lautbildungsprozess und im Mitvollziehen der Wortgebärden die Seinsform der Sprache, die noch Urgebärde (Bewegung) und nicht abstrahierter Begriff ist. Auch noch nicht, oder nur anfänglich, kann die Sprache «beschreibendes Sprachbild» sein.

Das Kind kann sich in diesem prozessualen Geschehen die Sprache ganz einverleiben und erfährt so eine umfassende, tiefreichende geistige Bildung. In dieser beschriebenen Form haben das Sprechen und die Sprache schöpferische Funktion. Der Organismus des Kindes wird plastiziert und die Grundlagen für ein kreatives, phantasievolles Umgehen mit der Sprache werden geschaffen.

Die Art und Weise wie die Mutter oder der Vater mit dem Kinde sprechen, hat in jedem Falle Vorbildcharakter. Jedes gesunde Kind lernt über die Nachahmung von seinen Vorbildern. Klara Hattermann beschreibt in ihrem hier folgenden Aufsatz in wunderbarer Weise, wie sich das Kind nachahmend in die Welt einlebt.

Nachahmend lebt sich das Kind in die Welt ein

Betrachten wir das kleine Kind nach der Geburt und während der ersten Lebensjahre in Bezug auf seinen physischen Leib und seine seelisch-geistigen Fähigkeiten: Für die Erdenaufgabe unfertig und hilflos tritt es in die Welt ein.[2] Der Kopf mit seinen noch nicht geschlossenen Fontanellen ist im Verhältnis zum Körper groß. Die Gliedmaßen sind unausgebildet, der Leib ist nicht durchgestaltet; selbst die Organe haben noch nicht ihre bleibende Form. Durch die Rückenlage in der Horizontalen sind die Beinchen und Händchen noch zum Himmel orientiert, im Gegensatz zum Tier, das im allgemeinen seine Gliedmaßen zur Erde gerichtet hat und sie bald nach der Geburt zum Aufstellen auf die Erde und zum

Gehen benutzt. Die Strampelbewegungen des Säuglings sind spontan, unkontrolliert, unkoordiniert, nicht zielgerichtet. Auch das Erlernen der Sprache braucht eine lange Entwicklungszeit. Die seelischen Regungen sind zunächst weitgehend körpergebunden. Das Bewusstsein befindet sich noch im Dämmerzustand.

Wie findet das Kind nun in die Erdenwelt hinein? Wie lernt es, sich der irdischen Welt anzupassen? Können wir als Eltern oder Erzieher zum Beispiel Gehen und Sprechen lehren? Unsere Machtlosigkeit wird uns erst bewusst, wenn ein Kind geboren wird, das sich nicht zum Gehen aufrichtet und nicht zum Sprachgebrauch kommt.

Kinder sind für uns lebendige Rätsel. Sie erscheinen uns unvollkommen aus unserer Erdensicht. Andererseits empfindet jedes Elternpaar, das mit Liebe und Einfühlungsvermögen sein Kind pflegt und umhegt, die große Ausstrahlungskraft, die von ihm ausgeht. Staunend, offen und mit Hingabe lebt es sich in die Welt ein; vorbehaltloses Vertrauen schenkt es den Menschen, und in seinen Lebensäußerungen zeigt sich ein kräftiger Wille, der den ganzen Leib impulsiert.

Ein Beispiel möge das veranschaulichen: Die Mutter tritt an das Bettchen eines mehrmonatigen Säuglings. Sie lächelt das Kind an; in ihrer Stimme klingt Freude und Glück über das ihr anvertraute Menschenkind mit. Das Kind antwortet nicht nur mit einem Lächeln; der innere Kontakt mit ihr teilt sich seinem ganzen Leib mit. Die Glieder nehmen das wohlige Gefühl auf; sie beginnen freudig zu strampeln; die Lippen formen sich zu Lauten. Die Sprache und liebevolle Hinneigung der Mutter teilen sich dem Kinde mit, schließen es auf. Es nimmt noch nicht den Inhalt der Worte begrifflich wahr; aber die Liebe und Freude wecken unmittelbar die Intensität und Aktivität des Willens und wirken damit in dem noch weichen und plastizierbaren Leib organbildend. Die Sprachwerkzeuge, zum Beispiel der Kehlkopf, werden ausgeformt, und der Atem vertieft sich.

Das Kind braucht Geborgenheit

Geborgenheit und Zuwendung legen in dem Kinde latente Kräfte frei, die in ihm schlummern und geweckt werden wollen. Es sind seelisch-geistige Kräfte, die seinem individuellen Wesen angehören. Der Mensch urständet im Geistigen (man könnte auch sagen im Göttlichen oder dem himmlischen Bereich). Von dort bringt das Kind eine Kraft mit, die am intensivsten im frühen Alter ist, zur Wirksamkeit kommt, wenn es noch träumend der Welt hingegeben ist, und gegen das achte Jahr hin abnimmt: es ist die Nachahmung. Durch diese werden die Grundlagen des Menschseins erworben: die Orientierung im physischen Raum, das Gehen;
die Verbindung von Mensch zu Mensch im seelischen Raum, die Sprache;
das Erfassen erster Gedankenzusammenhänge im geistigen Raum, das Denken.

Das Kind lernt diese Fähigkeiten ohne eine bewusste intellektuelle Anweisung. Es würde sie aber niemals erlangen ohne das Vorbild des Menschen. Nur an dem Wesen dieses Vorbildes kann das Ich des Kindes sich orientieren und entfalten.

Das Kind hat ein außerordentliches Interesse an aller Bewegung in der Umwelt, vor allem an den Tätigkeiten des Menschen. Es nimmt in einer Gesamtwahrnehmung aus den Gebärden und aus der Mimik unmittelbar das Wesenhafte auf und ahmt es in genialer Weise nach. Es lebt noch in einer Einheit mit der Umwelt. Zur Verdeutlichung möge die nachfolgende Kinderbeobachtung dienen: Ein Möbelträger kommt mit einer schweren Kiste in die Wohnung. Der dreijährige Bub steht staunend neben der Mutter und verfolgt hingegeben das Tragen der Last und wie der Arbeiter die Kiste auf den Boden stellt. In den nächsten Tagen spielt der Junge nur noch Möbelträger. Er sucht sich einen Pappkarton (dieser ist leicht und ohne Inhalt), hebt ihn auf die Schulter und ahmt bis in die Muskelspannung die Geste des Trägers nach: den gekrümmten Rücken, die Schwere des Schrittes, den angespannten Gesichtsausdruck und schließlich die Erleichterung des Abstellens. Dann folgt noch das Abwischen des Schweißes mit dem Handrücken.

In der weiteren Entwicklung des Kindes nach dem dritten Lebensjahr erwachen neue Fähigkeiten, die sich als Phantasiekräfte offenbaren. Diese leben sich vor allen Dingen im Spiel des Kindes aus. Sie werden von innen her der Außenwelt entgegengesetzt. Auch das phantasievolle Spiel beruht auf Nachahmung; aber es werden die Tätigkeiten der Umwelt nicht nur unverwandelt übernommen, sondern das Kind wird selbst schöpferisch, schlüpft in die Rolle von Mensch und Tier und imitiert auch technische Bewegungsvorgänge. Es verwandelt die Dinge. Was kann zum Beispiel ein Tuch nicht alles sein: Ein Rock zum Verkleiden; ein See, auf dem die Schiffe fahren; geknotet wird es zur schönsten Puppe. Dieses sich Neu-Verbinden mit der Welt schafft Freude, Sympathie für das irdische Dasein und Lebenslust. Schöpferische Kräfte sind geistige Kräfte, die am Kinde bilden, die noch nicht durch intellektuelles Denken abgelähmt sind und unmittelbar in das Handeln einfließen.

Das Spiel ist dem Kinde heiliger Ernst, aber es ist nicht zweckgebunden wie die Arbeit des Erwachsenen. Das Kind braucht Freiraum, um in seiner Umgebung ungestört individuell tätig sein zu können und um seine Eindrücke auf kindliche Weise zu verarbeiten. An der Auswahl der Motive und der Intensität des Handelns wird die Eigenheit der kindlichen Individualität erlebbar.

Warum finden wir heute so viele Kinder, die mit drei Jahren schon gesundheitliche Schäden haben, Aggressionen zeigen, in ihrer Motorik gestört sind, ängstlich und scheu der Welt gegenüberstehen, die nicht spielen können und passiv als Zuschauer die Geschehnisse an sich vorbeiziehen lassen?

Oft haben Erwachsene heute wenig wirkliches Verständnis für das kleine Kind. Ihre Erkenntnisse und ihr Handeln sind häufig durch eine materialistische Weltauffassung geprägt. Bequemlichkeit, Egoismus und Unzufriedenheit sind vielfach das Resultat und werden ungewollt auf die Kinderstube übertragen. Möglichst schnell möchte man das Kind auf die unheile Welt vorbereiten.

Nur in einem Raum der Geborgenheit, der dem Kinde Sicherheit, Liebe und Wärme gibt, kann die Fähigkeit der Nachahmung in gesunder Weise zur Wirksamkeit kommen. Der Verlust einer solchen Hülle führt zum Versiegen dieser Kraft und damit zur Lähmung schöpferischer Aktivitäten.

Es sind heute kinderfeindliche Tendenzen am Werk, die den Kindern die schützende Hülle entziehen. Spielzimmer die mit fertigen technischen Spielzeugen und Apparaten überladen sind, lassen der Phantasie keine Entfaltungsmöglichkeiten und geben keine Anregung, schöpferisch tätig zu werden. Deshalb sollte das Spielzeug einfach sein. Auch von Erwachsenen ausgedachte Lernspiele sind in diesem frühen Kindesalter völlig fehl am Platze, da sie zu frühen intellektuellen Leistungen herausfordern und damit die vitalen Lebens- und Wachstumskräfte des Kindes beeinträchtigen. (…)

Aus dem oben Geschilderten können wir ablesen, dass sich das Kind am Menschen orientieren muss. Als Erwachsene sind wir daher aufgerufen, ihm durch unsere Lebenshaltung und innere Einstellung ein würdiges Vorbild zu geben. Ungeheure Anstrengungen sind in unserer Zeit notwendig, um den schädigenden Einflüssen auf das Kind Positives entgegenzustellen. Dazu gehören: Bemühungen um Selbsterkenntnis und Selbsterziehung, Ehrfurcht vor dem geistigen Ursprung des Menschen, Streben nach Erkenntnis der menschlichen Wesenheit und der Entwicklungsgesetze von Leib, Seele und Geist. Wesentlich ist auch eine künstlerische Betätigung. Durch diese wird unter anderem ein neues Verständnis für das lebensvolle Spiel auch im Erwachsenen entwickelt, und ein Empfinden für das Werdende im Kind vermag sich zu entfalten. (…)

Die Bewegungen

Wie aus den vorangehenden Ausführungen Klara Hattermanns deutlich hervorgeht, hat das kleine Kind Interesse an aller Bewegung in der Umwelt und vor allem an den Tätigkeiten des Menschen. Am Bewegungsvorbild orientiert sich das Kind, umso wichtiger muss es dem Erwachsenen sein, seine Gebärden und seine Mimik im Umgang mit den rhythmisch-musikalisch gestalteten Liebkoschen, Handgesten- und Fingerspielen dem Wesen nach stimmig zu erarbeiten. Für die Berührungsspiele gilt generell, dass man sie mit warmen Händen an das Kind weiter gibt. Alle Bewegungen sollten weich und fließend sein, die Berührung selbst muss, je jünger das Kind um so behutsamer ausgeführt werden. Auch bei behinderten oder kranken Kindern ist besondere Sorgfalt angesagt. Besonders empfindlich ist der Kopf- Brustbereich. Erst mit etwa zweieinhalb Jahren ist das Kind in diesen Zonen für Berührungen empfangsbereit. Einige Kinder machen schon früher mit, beispielsweise wenn der Erwachsene beim älteren Geschwisterkind ein Spiel macht, streckt das kleine Kind bald sein Köpfchen hin und möchte auch das «Geschenk» haben.

Beim Übergeben des «Geschenks», also wenn der Erwachsene ein Berührungsspiel mit dem Kind spielt, sollte der Gesichtsausdruck des Erwachsenen hell und heiter sein, die Mimik spielt eine völlig untergeordnete Rolle, wesentlich sind die Bewegungen der Hände. Für die Selbstberührungsspiele, sowie für alle Handgesten- und Fingerspiele gilt gleichermaßen, dass sich der Blick des Ausführenden zu den Händen richtet, sobald eine neue Gebärde sich vorbereitet. Danach wendet man den Blick dem Kinde zu. Es muss ein ständiger Blickwechsel zwischen den Händen und dem(n) Kind(ern) stattfinden. Trotzdem ist darauf zu achten, dass keine Unruhe aufkommt. Dieses Wechselspiel muss gut geübt sein! Damit die Bewegungen mit der Sprache zusammen einen Einheitsakt abgeben, muss die Bewegungsvorbereitung bereits vor den entsprechenden Worten geschehen. Die Texte und die Bewegungen der Spiele müssen so sicher erarbeitet sein, dass beim Ausführen keine «Denklücken» auftreten.

Hilfreich für belebte, natürlich wirkende Gebärden ist bei Spielen die sich mit Tieren, Blumen oder sonstigen Naturerscheinungen befassen, dass sich der Erwachsene das jeweilige Tier (Blume, Schneeflocke, …) vor das innere Auge holt, sich alle typischen Merkmale verdeutlicht und dann versucht mit den Händen phänomenologisch stimmig das Wesenhafte umzusetzen. Von aller größter Wichtigkeit ist die Zeit. Die Kinder haben noch alle Zeit der Welt und für die Erwachsenen ist es erholsam, wenn man sich innerhalb eines Spieles viel Zeit lässt. Die Wirkung erhöht sich um ein Vielfaches, wenn die Spiele und Liebkoschen in aller Ruhe ausgeführt werden.

Der Erwachsene sollte bei Spielwiederholungen im selben zeitlichen Ablauf die gleichen Körperstellen berühren, dadurch tritt das Beruhigende der Berührung erst ein und ein Gefühl der Geborgenheit kann entstehen. Es ist nicht ratsam Berührungsspiele länger als maximal zehn Minuten zu spielen. Viel besser und wirkungsvoller ist es, mehrmals am Tag ein Spielchen mit dem Kind zu machen, dafür aber nur kurz.

Viele der hier gesammelten Berührungsspiele sind Urbilder für das freudige Kennenlernen (Selbstwahrnehmen) des bedeutungsvollsten Erkenntnis- Handlungs- und Ausdrucksorgans des Menschen: die Hand mit ihren Fingern. Das Wachstum und die Strukturierung des Brocaschen Sprachzentrums und damit die Fähigkeit des aktiven Sprechens werden durch die Berührung der Finger, speziell der rechten Hand gefördert.

Darüber hinaus sind die Liebkoschen als sanfte Inkarnationshilfe hervorragend geeignet. Je behutsamer die Berührungen ausgeführt werden, desto wirksamer sind sie. Bei besonders empfindsamen Kindern oder bei Autismus darf man kaum berühren, oder muss sogar eine Luftschicht zwischen dem Körper des Kindes und der eigenen Hand lassen.

In den Beschreibungen für die Ausführungen von Berührungen und Handgesten sind immer «die Erwachsenen» angesprochen. In den meisten Fällen wird es die Mutter sein, die sich die Spiele aneignet, schön wäre es, wenn sich auch Väter das eine oder andere Spiel zu eigen machen würden. Im Hort- Heim- und Kindergartenbereich gehen natürlich Erzieher und Erzieherinnen mit diesen Spielen um, aber auch Großeltern, Paten und alle anderen Menschen, die Interesse an diesen Spielen haben, dürfen sich angesprochen fühlen, wenn stellvertretend und zusammenfassend «der Erwachsene» genannt wird.

Weiterhin finden sich in den Spielanleitungen Abkürzungen für Finger und Zehen:

D = Daumen
Z = Zeigefinger
M = Mittelfinger
R = Ringfinger
Kl = kleiner Finger.

Für die Zehen an den Füßen stehen Zahlen: Die Nummer 1 ist für den großen Zeh, es wird der Reihe nach durchgezählt, die Nummer 5 steht für den kleinen Zeh.

Die Fußberührungsspiele können (natürlich mit warmen Händen) sowohl am nackten als auch am bestrumpften Fuß durchgeführt werden.

Die Spiele sind folgendermaßen angeordnet: Die ersten Spielchen dieses Buches wenden sich an die werdende Mutter. Sie geben Anregungen zur Kontaktaufnahme mit dem Ungeborenen. Sie helfen auch der Mutter in eine gelassene freudige Stimmung zu kommen, eine frohe, gesundende Verbindung zum Kinde kann entstehen. Dann sind kleine Sprüchlein für das zu früh geborene Kind zu finden. Es folgen Hand- und Fußberührungsspiele, die schon mit dem sehr jungen Kind gespielt werden können. Daran schließen sich Spiele an, die mehrere Bereiche des Körpers wie zum Beispiel Füße, Waden, Knie, Bauch etc. miteinbeziehen. Der Kopf-Brust-Bereich für den das Kind erst ab etwa zweieinhalb Jahren empfangsbereit wird, macht dann den letzten Teil der Berührungsspiele aus. Im folgenden Kapitel finden sich Selbstberührungsspiele, das heißt, der Erwachsene führt alle Bewegungen und Berührungen mit und an seinem Körper aus und das Kind kann nachahmend mitspielen. Die letzten vier Spielchen sind nochmal einem eigenen Themenbereich zugeordnet, es handelt sich hier um Armhalte- und Armtrageverse.

Sprüche und Spiele für die werdende Mutter

Du willst kommen

(In Erwartung)

Hab' es vernommen:
Du willst kommen!

Willst kommen hernieder
zur Erden,
mein herzliebes Kindlein
zu werden.

Hab' es vernommen:
Du willst kommen!

Ich freue mich
inniglich!

Mein Kind,
ich erwarte dich!

Spiel-Anleitung

Text	Gebärden
	Ausgangslage: Die werdende Mutter liegt auf einer warmen Unterlage auf dem Rücken. Damit die Beine entspannt sind, eine Rolle unter die Kniekehlen legen. Falls notwendig, eine flache Unterlage unter den Kopf geben.
1 Hab' es vernommen:	1 Arme leicht anheben, Hände zum Himmel geöffnet. Falls es zu ermüdend ist, können die Oberarme auf den Boden aufgelegt werden
2 Du willst kommen!	2 Die Hände zu sich hinbewegen, Arme dabei etwas anheben.

3	Stumme Bewegung:	3	Arme (Hände) höher heben, dass sie sich wie eine große Schale zum Himmel hin öffnen.
4	Willst kommen hernieder zur Erden,	4	Hände im Bogen zur Mitte herunterführen, bis die herunterhängenden Fingerspitzen auf die Brust deuten, sie aber nicht berühren.
5	mein herzliebes Kindlein	5	Hände waagerecht (Innenfläche zum Körper) zum Bauch herunter führen und bei «werden» behutsam auflegen. Ein Weilchen so liegen lassen.
6/7	Hab' es vernommen, Du willst kommen!	6/7	Gleiche Gebärde wie bei 1/2 (siehe oben)
8	Ich freue mich inniglich!	8	Hände auf die Brust (Herzgegend) legen.
9	Mein Kind –	9	Hände waagerecht zum Bauch führen, ohne den Körper zu berühren. Bei «Kind» behutsam auflegen und das Kind darunter spüren.
10	ich erwarte dich!	10	Hände vom Leib lösen und mit dem Handrücken auf den Boden auflegen. Eine Weile mit den zum Himmel geöffneten Händen, wie eine Empfangende, so liegen, dann:
11	stumme Bewegung	11	Die Hände langsam und behutsam wieder auf den, das werdende Kind umhüllenden Leib legen und sprechen:
12	– – – erwarte dich!	12	Hände ruhig liegen lassen.

Es ist wichtig, sich für jede Bewegung und Berührung Zeit zu lassen und dem Gesagten nachzuhorchen, dass eine Begegnung von Mutter und Kind sich vollziehen kann. Die Mutter sollte sich viel Zeit gönnen, für ein tiefes, gelöstes Durchatmen.

Strampelbein

Die werdende Mutter spricht (melodiös, fast singend, ruhig mit Pausen)

Was mag nur sein – du Strampelbein?
Was sind das für Strampelein?

Frag ich mich:
Freust du oder grämst du dich?

Mache ich:
Streich-streich, warm und weich –
streich-streich-streich.
Streich-streich, warm und weich –
streich-streich-streich.

Strampel du, – gib jetzt Ruh!

Text

1 Was mag nur sein – du Strampelbein?
2 Was sind das für Strampelein?
3 Frag' ich mich:
4 Freust du oder grämst du dich?

5 Mache ich:
6 Streich – streich, warm und weich –,
  li. ↶ ↷ re. li. ↶ ↷ re.
7 Streich – streich – streich – !

8 Streich – streich, warm und weich,
9 Streich – streich – streich –,
10 Strampel du – gib jetzt Ruh!

Gebärden

1 Hände auf den Leib legen.
2 Hände abheben und wieder auflegen.
3 Hände liegen lassen.
4 Bei «freust du dich» die Hände abheben und bei «grämst du dich» die Hände wieder auflegen.
5 Hände liegen lassen.
6 Sehr behutsam über den Leib streichen, von innen nach außen.
7 Erstes «streich»: vom unteren Leib bis zur Brust herauf streichen, das zweite «streich» von oben an beiden Seiten herunter streichen und auf dem Leib zusammenführen, beim dritten «streich» die Hände ruhig liegen lassen.
8 Wiederholen wie oben bei 6.
9 Wiederholen wie oben bei 7.
10 Hände auf dem Leib ruhig liegen lassen, tief durchatmen.

Sollte das Strampeln noch nicht nachgelassen haben oder sich noch verstärken, wiederholen.

Die vorgeburtliche Bindung zwischen Mutter und Kind

Erst Anfang der siebziger Jahre begann die wissenschaftliche Erforschung des Phänomens, dass sich Mütter und Neugeborene oft nach der Geburt wie «alte Bekannte» begegnen, aufeinander eingehen, sich suchen, trösten, anschauen.[3] Die vorgeburtliche Bindung geschieht nicht automatisch. Sie erfordert Zeit, Liebe, Interesse. Sind diese Bedingungen gegeben, lassen sich viele seelische Störungen ausgleichen, denen wir ausgesetzt werden.

Man weiß, dass das ungeborene Kind hört, zum Beispiel den Herzschlag der Mutter, Musik und Sprache von außen, dass es schmeckt, sich bewegt, alle Sinne einübt und auch auf die Gefühle der werdenden Mutter reagiert.

Es gibt im Wesentlichen drei Verbindungswege um die Bindung zu verankern.
1. Über die Nabelschnur, die Zufuhr von Nährstoffen ist unverzichtbar, auch eine Mutter die ihr Baby ablehnt bleibt in biologischem Kontakt mit ihm.
2. Über das Verhalten kommunizieren beide. Wenn ein Ungeborenes sich unwohl fühlt, Angst hat, erschrickt, verwirrt ist, strampelt es vermehrt. Das ist in hunderten von Untersuchungen belegt. Die Mutter teilt sich ebenfalls dem Kinde mit, eines der verbreitetsten Verhaltensmuster ist das Streicheln des Bauches. Diese tröstende Geste kann man bei Schwangeren auf der ganzen Welt beobachten und meist beruhigt sich dadurch das Kind.
3. Die dritte Verbindung kann als eine Geistige beschrieben werden. Sie enthält auch Elemente des Physiologischen als Vermittler und äußert sich im Verhalten. Am besten ist es mit Empathie, Liebe, Interesse und Fürsorge beschreibbar und geht tiefer und ist umfassender. Das Kind spürt, dass es erwartet wird und die Mutter kann aufmerksam werden für die Botschaften des Kindes. Es verlangt die Bereitschaft zuzuhören, «das Kind hat eine Menge zu sagen und verdient es, dass man zuhört».[4]

Auf der mütterlichen Seite finden wir, dass gelassene glückliche Frauen, die viel Überschuss an Liebe haben, mit größerer Wahrscheinlichkeit aufgeweckte, unternehmungslustige Kinder haben. Ambivalenz und Ablehnung dagegen wirken lebensfeindlich und lösen häufiger Fehlgeburten aus. Offensichtlich hat das Kind sehr feine Antennen und registriert schon den leisen Anflug eines Gefühls. Starke und langfristige Angst kann schädlich sein, Hormone, die bei Stress und Angst ausgeschüttet werden, stellen eine Attacke für das Ungeborene dar und gefährden das «Bonding», der heute übliche Ausdruck für die Bindung zwischen Mutter und Kind. Vielfach von Frauenärzten bestätigt sind die Tatsachen, dass die sanfte Stimme der Mutter das unruhige Baby im Bauch beruhigen kann. Ungeborene lieben übrigens auch klassische Musik. Sie hilft ihnen im Mutterleib bei der körperlichen und geistigen Entwicklung. Schließlich konnte ein Zusammenhang erkannt werden, dass Babys, mit denen im Embryonalstadium viel geredet wurde, später das Sprechen leichter lernen. Die Mütter sollten ihr Baby durch die Bauchdecke umfassen, es schmiegt sich bereits in ihre Hände und empfängt Geborgenheit.

Sprüche für Kinder
im Brutkasten
und für behinderte Kinder

Mit meinen Händen

Mit meinen Händen
decke ich dich zu.

Mit meinen Händen
hülle ich dich ein.

Liebes gutes Kindelein,
in meine Liebeshülle
schmiege dich hinein,
Du sollst darin geborgen sein.

Zwei Möglichkeiten, das Kind anzusprechen:

a) Die Hände über den Brutkasten halten. Man kann die Hände auch oben oder seitlich auf den Brutkasten auflegen.

b) Das Kind auf dem Wickeltisch oder auf dem Schoß liebevoll mit den Händen umhüllen.

Wachsen und Gedeihen

Ich schaue lieb mein Kindlein an,
will helfen dass es wachsen kann.
Ganz lieb will ich ansehen
die Füße mit den Zehen.

Die Beinchen mit den Knien.
Den Rücken mit dem Pöchen.
Den Brustkorb und den Bauch.
Hals und das Köpfchen auch.

Lippen und die Öhrchen,
Nase und die Äugelein.
Schultern und die Ärmchen.
Hände mit den Fingerlein.

Das ganze liebe Kind
möge wachsen und gedeihn.
Die Engel rufe ich herbei,
damit mein Kind behütet sei.

Dieser Spruch ist eine Hilfe für das Kind und die Eltern durch liebevolles Anschauen des Kindes. Eine «Berührung» findet durch den Blick statt.

So wie du gekommen wirst du angenommen

Ich schau den zarten Körper an
und seh, es fehlt etwas daran.

Doch wie Du bist, so lieb ich Dich.
Ich liebe Dich ganz inniglich.

Mein liebes Kind, wie Du gekommen,
so wirst Du von mir angenommen.

Will Dich pflegen, will Dich hegen.
Will Dir helfen hier auf Erden
Mensch zu werden.

Trauer und Zweifel, die in mir sind,
sie helfen Dir nicht, Du armes Kind,
ich muss sie überwinden,
in mir die Kräfte finden,
den schweren Weg mit Dir zu gehen,
der für uns beide ausersehen.

Will den Engel bitten: Allezeit,
uns zu geben sein Geleit.

Auch bei diesem Spruch findet eine «Berührung» durch den liebevollen Blick statt.

Rhythmisch-musikalisch gestaltete Hand- und Körperberührungsspiele

Alle fünf

Das ist der Dicke!
Das ist der Spitze!
Das ist der Lange!
Das ist der Feine!
Das ist der Kleine!
alle fünf sind deine!

Der Dicke ist der Daumen der Spitze ist der Zeigefinger, der Lange ist der Mittelfinger, der Feine ist der Ringfinger, der kleine Finger ist und bleibt der Kleine!

Der Erwachsene muss warme Hände haben.

1 Beim Daumen beginnend, die Finger der Reihe nach berühren, indem man das oberste Fingerglied behutsam anfasst und beim Nennen des jeweiligen Namens etwas zurückbiegt. Leichte, luftige Bewegungen.
2 Beim kleinen Finger beginnend, der Reihe nach zart auf die Fingernägel tupfen. Bei: «Al – le fünf sind dei – (ne!)» auf die genannten Finger tupfen.
        Kl. R. M. Z. D.
Bei der letzten Silbe von (dei-) «ne» das Fäustchen des Kindes umschließen und leicht hin- und herbewegen.
3 Wiederholung des Textes mit neuer Berührungsart:
Beim Daumen beginnend von der Spitze der Finger zärtlich herunterstreichen an den Innenseiten, bis zur Fingerwurzel.
4 Zum Abschluss kann Nr. 2 (siehe oben) wiederholt werden.

Der Ablauf kann, je nach Situation, nur 1 und 2 oder 1 bis 4 umfassen. Man beginnt mit der rechten Hand des Kindes, nimmt dann die linke Hand und noch einmal die rechte Hand. Der Gesamtablauf: rechts, links, rechts, dauert für alle vier Abläufe ungefähr eine Minute und kann ein- bis dreimal wiederholt werden, nicht öfter. Man kann auch während der Berührung die Finger des Kindes mit Öl betupfen und einreiben.

Dieser Text gehört zu Zubbele-Zub:
Das Spiel kann auf Wunsch des Kindes mehrmals, aber nicht länger als fünf Minuten, wiederholt werden. Man kann dabei die Hände wechseln, hört aber bei der rechten Hand auf.
Das Spiel kann auch als Fuß-Berührungsspiel durchgeführt werden. Man überträgt das Tupfen und Zupfen auf die Zehen. Bei «Ei» zweimal Fußunterseite von den Fersen bis zu den Zehen streichen. Bei «Schum-schei» das erste Mal vom Fußgelenk bis zu den Zehen auf der Fußoberseite streichen, beim zweiten Mal bei dem gedehnten «schei» den Fuß umfassen und liebevoll drücken.

Zubbele – Zub

Dub – dub – dub – dub – dub.
Zub – zub – zubbele – zub.
Ei! – Ei! – Schum – schei.
Schum – schei!

Text

1 Dub – dub – dub – dub – dub.
   KL   R   M   Z   D

2 Zub – zub – zubbe – le – zub.
   D   Z   M   R   KL

3 Ei – – Ei – –

4 Schum – schei – –

5 Schum – schei

Berührungen

1 Der Erwachsene fasst den Unterarm des Kindes am Handgelenk, die Finger zeigen nach oben. Mit der Zeigefingerkuppe leicht auf jeden Fingernagel des Kindes tupfen, vom kleinen Finger der Reihe nach bis zum Daumen, fünfmal.

2 Der Reihe nach sehr zart an den Fingerkuppen des Kindes zupfen, vom Daumen bis zum kleinen Finger, fünfmal.

3 Mit der ganzen Handfläche über die Innenfläche der Kinderhand streichen, von der Handwurzel bis zu den Fingerspitzen. Das: «Ei» sehr gedehnt, fast singend sprechen, zweimal.

4 Bei dem gedehnten: «schei» mit der Hand, die das Kinderhändchen fasst, von außen über die Oberfläche der Kinderhand streichen, dabei die Finger des Kindes zum Einrollen bringen, so dass ein Fäustchen entsteht. Über die eingerollten Finger bis zum Handgelenk ausstreichen.

5 Noch einmal von außen über das Händchen streichen, mit der ganzen Hand. Bei dem gedehnten «schei» das Fäustchen des Kindes umschließen und liebevoll und behutsam etwas drücken. Je nach Größe der Hände kann das nur mit der streichenden Hand geschehen, oder man nimmt die haltende Hand, die man sehr vorsichtig vom Handgelenk löst, noch dazu, so dass das Fäustchen des Kindes warm umschlossen ist.

Bandel – Bandele

Bandel – Bandele
um das Handele!
Ringel – Ringelein
auf das Fingerlein!
So fein – so fein
soll mein Kindlein sein.

<u>Text</u>

1 Bandel – Bandele

2 um das Handele!
3 Ringel – Ringelein

4 auf das Fingerlein!

5 So fein – so fein

6 soll mein Kindlein sein.

<u>Berührungen</u>

1 Der Erwachsene fasst mit seiner linken Hand etwas oberhalb des Handgelenks den rechten Arm des Kindes und hebt ihn leicht an. Mit dem Zeigefinger der rechten Hand fährt der Erwachsene behutsam um das Kinderhandgelenk herum. Bewegung und Sprache sind langsam, die Sprachmelodie ist fast ein Lied, keine Rufterz.

2 Bewegung Nr. 1 wiederholen.
3 Mit dem Daumen und drei Fingern der rechten Hand schiebt der Erwachsene auf die Fingerkuppe des Kinder-Ringfingers den imaginären Ring auf.

4 Mit leichtem Hin- und Herdrehen den «Ring» bis zur Fingerwurzel herunterschieben, die Stimme etwas anheben und am Schluss bei «Fingerlein» die Stimme in der Schwebe halten. Ausklingen lassen.

5 Der Erwachsene berührt mit seinen Fingerkuppen zart das Kinderhandgelenk, um das das «Bandele» gelegt wurde. Beim zweiten «so fein» den «Ring» an der Ringfingerwurzel mit Daumen und Zeigefinger berühren. Gedehnt und singend sprechen.

6 Mit seiner rechten Hand streicht der Erwachsene liebkosend über die ganze Kinderhand, dann das lockere Fäustchen des Kindes umschließen und beim Wort «sein» leicht hin- und herschütteln. Auch hier wieder die Stimme in der Schwebe halten.

So macht es das Schneckelein

Die Schnecke kriecht aus ihrem Haus.
Sie streckt die kleinen Fühler aus.
Stups – stups!
Sie zieht sie wieder ein
und kriecht zurück ins Haus hinein.
Das Schneckelein!

<u>Text</u>

<u>Berührungen</u>

1 Die Schnecke kriecht aus ihrem Haus.

1 Die rechte Hand des Kindes, lockeres Fäustchen, liegt auf, zum Beispiel auf dem Bett, dem Tisch oder der Handinnenfläche des Erwachsenen. Dieser zeichnet, ausgehend von der Mitte der Kinderhandoberfläche, mit seiner Zeigefingerkuppe eine auswickelnde Spirale (nach rechts) bis zur Daumenwurzel. Dazu spricht er im «Schneckentempo» sehr melodisch; die Wortsilben dehnen.

2 Sie streckt die kleinen Fühler aus.

2 Der Erwachsene steckt seine Daumen- und Zeigefingerkuppen in die Lücke zwischen Daumen- und Zeigefingerwurzel der rechten Kinderhand. Mit der Nagelseite seiner Fingerkuppen fährt der Erwachsene an der Innenseite der Kinderfingerchen entlang und streckt dadurch den Daumen und den Zeigefinger des Kindes als Fühler. An den Fingerkuppen des Kindes angekommen, hält der Erwachsene eine Weile stumm diese Gebärde fest.

3 Stups – stups!

3 Der Erwachsene nimmt seine Finger weg und tupft mit den Spitzen von Daumen und Zeigefinger gegen die «Fühler». Es darf überraschend aber nicht erschreckend sein. (Zarte Berührung).

4 Sie zieht sie wieder ein	4 Die zurückweichenden Finger des Kindes behutsam so weit zurück schieben, bis sie wieder leicht eingerollt sind.
5 und kriecht zurück ins Haus hinein.	5 Mit der Zeigefingerkuppe beginnt der Erwachsene nun an der Daumenwurzel des Kindes eine einwickelnde Spirale (nach links) bis zur Mitte des Handrückens zu zeichnen. Wiederum im «Schneckentempo» melodisch dazu sprechen. Die Wortsilben dehnen. Zum Abschluss bei «hinein» mit dem Zeigefinger die Handoberfläche zart kitzeln.
6 das Schneckelein.	6 Das lockere, geschlossene Fäustchen des Kindes mit beiden Händen behutsam umschließen, (das Schnecklein sitzt geschützt im Haus). Die Stimme bleibt am Schluss in der Schwebe.

Es ist auch möglich, die Berührungen in der Innenfläche der Kinderhand zu machen, dabei ist besondere Behutsamkeit geboten, da das Handzentrum, der Ich-Bereich der Hand ist und besonders sensibel reagiert. Je jünger oder empfindsamer das Kind ist, desto vorsichtiger muss man im Umgang mit diesem Spiel in der Handinnenfläche sein.
Zunächst die Oberfläche, später die Innenfläche, auch beide im Wechsel, ist möglich, der Erzieher muss abspüren, was für die Kinder erfreuend und heilsam sein kann.
Einen Rollentausch zwischen Erzieher und Kind kann es auch geben.

Zip – Zap – Zip – Zap

Zip – Zap – Zip – Zap
wer kommt heran?
Das ist der Zippel –
Zappelmann – Zappelmann –
Zappelmann.
Eijei – !

<u>Text</u>

1. Zip – Zap – Zip – Zap – wer
      D   Z   M   R   Kl

2. kommt her - an das
    Kl   R   M   Z

3. ist der Zip – pel
    Z M R Kl

4. Zappelmann – Zappelmann –
   Zappelmann.

5. Eijei – !

<u>Berührung</u>

1. Der Erwachsene berührt wechselweise mit seinem Zeige- und Mittelfinger hauchzart der Reihe nach die Fingernägel der rechten, locker eingerollten Kinderhand.

2. Dann berührt der Erwachsene wiederum mit seinem Zeige- und Mittelfinger die mittleren Knöchel der Kinderfinger vom kleinen zum Ring-, zum Mittel-, zum Zeigefinger.

3. Jetzt berühren Zeige- und Mittelfinger die Fingerwurzelknöchel des Kindes.

4. Der Erwachsene trommelt mit allen Fingerkuppen auf die Handoberfläche des Kindes.

5. Dann umschließt der Erwachsene die Kinderhand (mit einer oder beiden Händen) und drückt sie zärtlich.

Die Berührung mit den Fingerkuppen und abschließendem leichten «Trommeln» kann auch an anderen Körperstellen geschehen. Man kann von der Hand den Unterarm herauf tupfen und den Zappelmann am Ellenbogen oder in den Armbeugen zappeln lassen. Ebenso vom Ellenbogen bis zur Schulter oder vom Fuß bis zum Knie oder zur Kniebeuge, vom Knie bis zum Bauch, von der Kniekehle zum Po. Vom Bauch bis unters Kinn. Abspüren, wo es das Kind besonders gerne hat. Am Fuß tupft man, am großen Zeh beginnend, der Reihe nach bis zum kleinen Zeh, wieder zurück zum großen Zeh und noch einmal bis zum kleinen Zeh, Text dazu von 1 bis 3. Bei «Zappelmann – Zappelmann – Zappelmann» mit den Fingerkuppen hauchzart auf die Fußoberfläche trommeln. Bei «Eijei – !» Fuß liebevoll umschließen und zärtlich drücken.

Dicker Hans und dünne Liese

Dicker Hans und dünne Liese,
langer Paul und krummer Franz
und das kleine Gretelein, machen einen Tanz!
Tanzen langsam: Tral – la – la – la –
langsam: Tral – la – la – la – laa.
Tanzen schneller, immer schneller:
Trallalallalallala!   Trallalallalallala!
Trallalallalallala!   Stop!
Aus.

Text

1 Dicker Hans und dünne Liese,
       D   Z
   langer Paul und krummer Franz
       M   R
   und das kleine Gretelein
                  Kl

2 ma – chen ei – nen Tanz.
   Kl   R   M   Z   D

3 Tan – zen lang – sam: Tral –
   D   Z   M   R   Kl
   la – la – la – lang – sam
   D   Z   M   R   Kl
   Tra – la – la – la – laa. –
   D   Z   M   R   Kl

Berührungen

1 Der Erwachsene hält die rechte Hand des Kindes in seiner Linken.
   Mit den Fingerkuppen seiner rechten Hand fasst er der Reihe nach, beim Daumen beginnend, die Finger des Kindes an, streicht von der Fingerwurzel bis zur Fingerkuppe zart herauf und bewegt diese etwas beim Nennen des Namens.

2 Der Reihe nach im Rhythmus behutsam auf die Fingerkuppen des Kindes tupfen, jetzt beim kleinen Finger beginnend.

3 Die Finger des Erwachsenen tanzen jetzt in der Handinnenfläche des Kindes herum, nicht direkt in der Mitte, sondern drumherum, mit den Fingerkuppen in der Mitte, leicht berühren.

4 Tan – zen schnel – ler, im – mer schnel – ler
     D   Z   M   R Kl   D   Z   M
   Trallalallalallala! –
   Trallalallalallala! –
   Trallalallalallala! – Stop!

5 Aus. –

4 Das Tempo nimmt zu, aber es wird jede Fingerkuppe noch im Rhythmus aufgesetzt bis «schneller», dann frei im Rhythmus auf die Handfläche des Kindes «trommeln», um die Mitte herum. Bei «Stop!» mit der Hand in die Hand des Kindes batschen wie «halt, genug!». Nach jedem «Trallalallala» eine kleine Pause machen.

5 Bei «Aus» zur Beruhigung die Hand des Kindes vom Handgelenk bis zu den Fingerspitzen liebevoll ausstreichen, dann die Finger der Kinderhand einbiegen und das Fäustchen liebevoll mit der Hand umschließen und zart drücken, sich Zeit lassen. Das geschieht stumm.

Der Erwachsene muss abspüren, ob er das ganze Spiel noch einmal wiederholt oder nur die letzten drei «Trallalallalallala» mit dem «Stop!» und dem «Aus!»

Man kann das Spiel auch mit der linken Hand des Kindes weitermachen und zum Schluss noch einmal mit der rechten Hand.

Wenn die Kinder mit dem Spiel vertraut sind, lieben sie es, das Spiel dann bei dem Erwachsenen zu machen, besonders das schnelle Tanzen.

Regen

Regen – Regen – Tropfen
an das Fenster klopfen:
doppe-doppe-doppe,
doppe-doppe-doppe! –

Regen-Tropfen springen
und man hört es klingen:
teng – teng – teng,
teng – teng – teng! –

Tropfen laufen munter
an dem Glas herunter:
trulle-trulle-trulle,
trulle-trulle-trulle! –

Und mein Kindchen drückt am Glas
sich ganz platt – ganz platt die Nas'!

Text

1 Regen – Regen – Tropfen
   an das Fenster klopfen:

2 doppe – doppe – doppe,
   doppe – doppe – doppe! –

3 Regen-Tropfen springen
   und man hört es klingen:

Bewegungen

1 Rechte Hand: Fingerkuppen als Regentropfen.
   Linke Hand: Handinnenfläche senkrecht als «Glas», Fingerspitzen nach oben.
   Rechte Hand mit sich ständig bewegenden Fingern von oben herunterführen zur linken Handinnenfläche. Bei «klopfen» zweimal mit der Zeigefingerkuppe gegen die Innenfläche der linken Hand tupfen.

2 Mit allen Fingerkuppen der rechten Hand gegen die Innenfläche der linken Hand «trommeln», es regnet.

3 Bewegungen wie bei 1. Bei «springen» mit Daumen und Zeigefinger gegen die Linke knipsen.

4 teng – teng – teng,
   teng – teng – teng! –

5 Tropfen laufen munter
   an dem Glas herunter:

6 trulle – trulle – trulle,
   trulle – trulle – trulle! –

7 Und mein Kindchen drückt am Glas

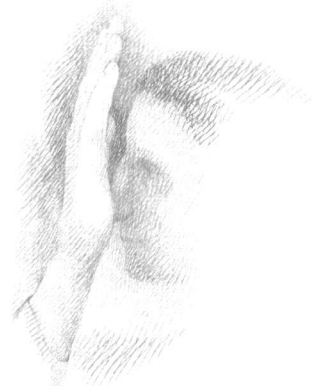

8 sich ganz platt, - ganz platt die Nas'!

Bewegungen für die 2. Zeile wiederholen, diemal bei «klingen» knipsen.

4 Bei jedem «teng» gegen die Handfläche knipsen. Eventuell auch mit Daumen und Mittelfinger im Wechsel mit Daumen und Zeigefinger.

5 Die Fingerkuppen der rechten Hand streichen leicht von den Fingerkuppen der linken Hand über die Innenfläche bis zur Handwurzel herunter, eventuell sogar bis zum Ellenbogen, zweimal.

6 Mit den Fingerkuppen der rechten Hand wieder von den Fingern über innen herunter bis zum Ellenbogen, aber dieses Mal in leichter Schlangenlinie, und zwar zweimal (oder nur bis zur Handwurzel). Bei 5 und 6 gleich weit herunter.

7 Die Nase zur hochgestellten flachen Hand führen und bei «platt» an den Handballen so anlegen, dass man ohne Schwierigkeiten sprechen kann.

8 Bei «platt» die Nasenspitze leicht gegen das Handinnere drücken, beim zweiten «platt» mit etwas mehr Nachdruck die Geste wiederholen. Gebärde auflösen und dem Kind heiter zunicken. Eventuell mit dem Zeigefinger einen zarten Stups auf das Näschen geben.

Dieses Spiel ist auch als Partnerspiel sehr gut geeignet, die Hand des Kindes ist das «Glas», die Finger des Erwachsenen sind der «Regen». Die Nase des Erwachsenen drückt sich an der Kinderhand platt. Die Rollen können auch getauscht werden.

Du – pi – dehn

Du – pi – du – pi – dehn!
Tupf ich auf die Zehn.
Du – pi – du – pi – duß!
Tupf ich auf den Fuß.
Du – pi – du – pi – dest!
Die Ferse halt ich fest.
Nehm' in die Hand den ganzen Fuß.
Du – pi – du – pi – duß!

Text

1 Du – pi – du – pi – dehn!
   1   2 3 4   5
   Tupf ich auf die Zehn.
   1   2 3 4   5

2 Du – pi – du – pi – duss!
   Tupf ich auf den Fuß.

3 Du – pi – du – pi – dest!
4 Die Ferse halt ich fest.

5 Nehm' in die Hand den ganzen Fuß.

6 Du – pi – du – pi – duß!

Berührungen

1 Die Kinderfüße können nacheinander einzeln oder gleichzeitig berührt werden. Beim großen Zeh beginnend: «1» der Reihe nach leicht auf alle Zehen tupfen.

2 Doppelt so langsam von den Zehen bis zum Fußgelenk behutsam auf die Fußoberfläche tupfen.

3 Um das Fußgelenk nach hinten tupfen.

4 Die Ferse liebevoll umfassen, bei «fest» leicht drücken. Stumm eine Weile so halten.

5 Die Hand so führen, dass die ganze Fußsohle darin liegt und den Fuß soweit wie möglich umschließt. Wiederum eine Weile stumm halten!

6 Die umfassten Füße auf die beiden Silben «du» leicht etwas nach unten federn. Das «duß» gedehnt sprechen. Den Fuß leicht drücken, dann hinstellen und loslassen.

Falls es widerstrebt, bei gleichzeitiger Berührung beider Füße in der Einzahl zu sprechen, kann man «Füß» und «düß» sagen.

Strimpel – Strempel

Strimpel – Strempel – Strampel-Zehn.
Batsche – Batsche – Fuß zum Geh'n.
In den Strumpf schlupf-schlupf hinein.
Schlupf-schlupf hinein.
Warm soll's Kindlein, warm soll's sein.

Strimpel – Strempel – Strampel-Zehn.
Batsche – Batsche – Fuß zum Geh'n.
In den Strumpf schlupf-schlupf hinein.
Schlupf-schlupf hinein.
Warm soll's Kindlein, warm soll's sein.

Schuhe ziehn wir auch noch an.
Erst diesen: Rucke – ruck!
Dann den: Rucke – ruck!
Jetzt kann mein Kind spazieren gehn. –

<u>Text</u>

1 Strim-pel – Strem-pel
    5   4   3   2

2 Stram-pel – Zehn.
    1   1

3 <u>B</u>atsche – <u>B</u>atsche – <u>Fu</u>ß

4 zum Gehn.

5 In den Strumpf

<u>Berührungen</u>

1 Im Rhythmus behutsam auf die Zehen tupfen, beim kleinen Zeh beginnen.

2 Auf den großen Zeh zweimal tupfen, bei «Zehn» alle Zehen berühren.

3 Fußsohle in die Hand nehmen und halten. Mit der anderen Hand bei — auf den Fuß batschen.

4 Den mit beiden Händen umschlossenen Fuß etwas nach oben heben und niedersetzen.

5 Mit beiden Händen einen «Strumpf» bilden, Handwurzeln zusammenlegen, Daumenkante nach oben.

6   Schlupf – schlupf hinein.

6   «Strumpf» überstreifen, von den Fußrändern bis zum Wadenansatz oder bis über das Knie, hierfür das Wort «hinein» entsprechend dehnen.

7   Schlupf – schlupf hinein.

8   Warm soll's Kindlein,
    warm soll's sein.

9   Strim – pel – Strem – pel
         5   4   3   2
10 Schuhe ziehn wir auch noch an.

11 Erst diesen:
12 Rucke – ruck!

7   Nocheinmal überstreifen, diesmal Fußoberfläche und Sohle bis zur Wade oder bis über das Knie.

8   Den Fuß mit den Händen umschließen. Beim zweiten «warm» den Fuß leicht und liebevoll drücken. Falls man bis zum Knie gestrichen hat, umschließt man beim zweiten «warm» das Knie mit den Händen.

9   Den ganzen Ablauf für den linken Fuß wiederholen, siehe oben 1 bis 8.

10 Mit den Händen «Schuhe» bilden. Dazu hohle Hände machen, den Handrücken nach unten und parallel nebeneinander halten, dem Kind zeigen.

11 Rechte Hand als «Schuh» etwas heben.

12 Den «Schuh» anziehen, rechte Hohlhand unten, linke darüber, unter und über den Fuß schieben, beim zweiten «ruck» den «Schuh» hinten an der Ferse hochschieben.

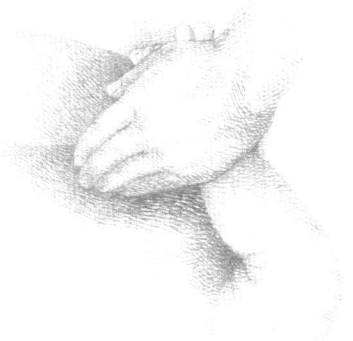

13 Dann den:
14 Rucke – ruck!

15 Schleife binden

16 Jetzt kann mein Kind spazieren gehn.

13 Linke Hand als «Schuh» etwas anheben.
14 Den zweiten «Schuh» auch in zwei Etappen anziehen, wie bei 12, aber diesmal ist die linke Hand unten.
Hier eventuell das Zuschnüren der Schuhe einschieben

15 An jedem «Schuh» eine imaginäre Schleife binden, erst rechts, Schleife binden, dann links. Für Knöpfe, Reißverschlüsse und sonstige Verschlüsse den Text ändern, zum Beispiel: «Knöpfchen drücken» oder «zuziehn noch».

16 Bei «jetzt» gleichzeitig jeden Fuß in eine Hand nehmen, dann die Füße in Gegenbewegung auf und abbewegen und bei «gehen» die Bewegung beenden, Füße absetzen.

Krabbe – krabbe – krabbe

Krabbe – krabbe – krabbe –
Mit vielen Beinchen kurz und klein
Krabbelt hier ein Käferlein.
Krabbe – krabbe – krabbe –
Käferlein – Käferlein –
Krabbelt in sein Blätterhaus.
Ruht sich aus! – Ruht sich aus!

Text		Gebärden	
1	Krabbe – krabbe – krabbe	1	Die rechte Hand ist mit allen Fingern das Käferlein. Es krabbelt von der Hüfte auf den rechten Oberschenkel, mit sehr schnellen und leichten Fingerbewegungen.
2	mit vielen Beinchen kurz und klein	2	Weiterkrabbeln bis zur Mitte des Oberschenkels in einer Kurve:
3	krabbelt hier ein Käferlein.	3	Weiterkrabbeln von der Mitte des Oberschenkels bis zum Knie und dort einWeilchen sitzen bleiben.
4	Krabbe – krabbe – krabbe –	4	Zurück krabbeln vom Knie bis zur Mitte des Oberschenkels, in fast gerader Linie.
5	Käferlein – Käferlein –	5	Weiter zurück in einer Kurve bis zum Oberschenkelansatz.
6	Krabbelt in sein Blätterhaus.	6	Linke Hand etwas hohl auf den linken Oberschenkel legen und mit der rechten Hand vom rechten Schenkel herüberkrabbeln unter die linke Hand. Der Käfer bleibt darunter.
7	Ruht sich aus! – Ruht sich aus!	7	Die Hände ruhig halten. Sehr gedehnt, fast singend sprechen. Ausklingen lassen.

Dieses Spiel kann als Berührungsspiel gespielt werden, die Hand des Erwachsenen ist das Käferlein und krabbelt auf dem Kinderkörper umher. Das Blätterhaus können zum Beispiel die Kinderhände sein, die Achselhöhle, die Kniekehle, die Halsbeuge oder eine andere Körperpartie. Die Rollen können getauscht werden. Das Käferlein kann mit der rechten oder der linken Hand gespielt werden, abschließen sollte man das Spiel aber mit der rechten Hand. Zum Abschluss kann der Käfer mit einem Ruhelied in der Quintenstimmung eingewiegt werden (siehe Band 1: Wiegen- und Ruhelieder).

Ma – ma – meh

Ma – ma – meh, ma – ma – meh, großer Zeh!
Ma – ma – meh, ma – ma – meh, kleiner Zeh!
Ma – ma – mih, ma – ma – mih, rundes Knie!
Ma – ma – mauch, ma – ma – mauch,
                                  dicker Bauch!
Ma – ma – mern, ma – ma – mern,
                                  hab dich gern!
Ma – ma – mern, ma – ma – mern, sooo gern!

<u>Text</u>

<u>Berührungen</u>

Ausgangsstellung: Liegt oder sitzt das Kind, werden die Berührungen beidseitig gleichzeitig ausgeführt. Liegt das Kind im Arm des Erwachsenen, wird mit einer Hand einseitig berührt.
Der Strich unter den Silben kennzeichnet den Sprachrhythmus und damit auch die gleichzeitig auszuführenden Berührungen.

1 Ma – ma – meh, ma – ma – meh,
    5   4   3   2

1 Der Erwachsene tupft mit seinen Zeigefingerkuppen zart auf die Zehen des Kindes. Beginn ist beim kleinen Zeh (5). Im Sprachrhythmus (–) weiter in Richtung große Zehen tupfen.

2 großer Zeh!

2 Mit Daumen-, Zeige- und Mittelfingerkuppen die großen Zehen liebevoll reiben.

3 Ma – ma – meh, ma – ma – meh,
    1   2   3   4

3 Wie bei 1, aber bei den großen Zehen beginnen.

4 Kleiner Zeh!

4 Wie bei 2, diesmal die kleinen Zehen reiben.

5 Ma – ma – mih, ma – ma – mih,

5 Mit den Fingerkuppen zart bei — über die Fußoberseite am Schienbein hinauf zum Knie tupfen.

6 Rundes Knie!

6 Das Wort «rundes» langsam sprechen, dabei mit den Fingerkuppen das Knie umkreisen, bei dem Wort «Knie» dasselbe umfassen und tätscheln.

7	Ma – ma – mauch, ma – ma – mauch,	7	Über die Oberschenkel weiter herauf tupfen bis zum Bauch.
8	Dicker Bauch!	8	Bei dem Wort «dicker» über den Bauch des Kindes streichen, bei «Bauch», die Hände auf denselben auflegen und tätscheln.
9	Ma – ma – mern, ma – ma – mern,	9	Im angegebenen Rhythmus auf die Händchen tupfen.
10	Hab dich gern!	10	Die Kinderhände jeweils mit einer Hand ganz umschließen. Bei dem Wort «gern» zart schütteln.
11	Ma – ma – mern, ma – ma – mern,	11	Wie oben bei 9 beschrieben.
12	Sooo	12	Beide Arme weit ausbreiten und das Kind anlächeln.
13	gern!	13	Das Kind liebevoll in die Arme nehmen und behutsam an sich drücken, dabei ein wenig hin- und herwiegen.

Bei besonders empfindsamen, zum Beispiel autistischen Kindern, lässt man das In-die-Arme-Schließen (wie bei 12 und 13) weg und wiederholt statt dessen das Umfassen und Schütteln der Händchen (10).

Rund

Rund – rund – rund, alles rund.
Kindlein mein ist gesund.
Gesund – gesund!

<u>Text</u>

1 Rund –

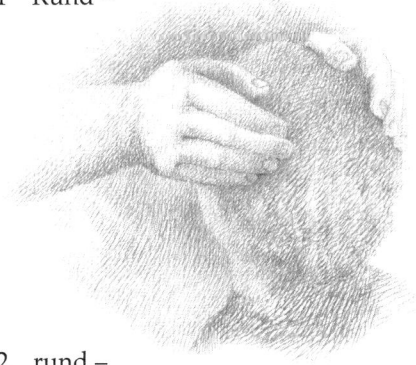

2 rund –

3 rund,

4 al–

5 les –

6 rund.

7 Kind–
8 lein
9 mein
10 ist
11 ge–
12 sund.
13 Gesund
14 gesund!

<u>Berührungen</u>

1 Der Erwachsene legt seine Hände liebevoll um das Köpfchen des Kindes.

2 Der Erwachsene legt seine Hände um die Schultern des Kindes.
3 Jetzt legt der Erwachsene seine Hände auf das Bäuchlein des Kindes und tätschelt leicht.
4 Der Erwachsene legt seine Hände um die Knie des Kindes,
5 jetzt die Hände um die Waden legen und kräftig zupacken,
6 schließlich die Hände auf den Po legen und leicht tätscheln.
7 Wie bei 1: Köpfchen.
8 Wie bei 2: Schultern.
9 Wie bei 3: Bäuchlein.
10 Wie bei 4: Knie.
11 Wie bei 5: Waden.
12 Wie bei 6: Po.
13 Zweimal den Po herzhaft klopfen.
14 Entweder noch zweimal den Po leicht klopfen, oder das Kind liebevoll in die Arme nehmen.

Rückele streichen

Rückele streichen:
streich – streich,
weich – weich.
Pobbele Pob:
klob – klob –
klob – klob.
Jeieiei – juu –
Job – bobobb!

Text

1 Rückele streichen:

2 streich – streich,

3 weich – weich.

4 Pobbele Pob:

Berührungen

Ausgangsstellungen:
A Das Kind wird auf einem Arm getragen und lehnt am Körper des Erwachsenen. Die freie Hand des Erwachsenen streicht das Kind.
B Das Kind sitzt oder hockt auf dem Schoß und umarmt den Erwachsenen. Das Kind kann auch an den Beinen des Erwachsenen stehen und sich daran lehnen. Es ist auch möglich, dass das Kind auf dem Bauch liegt. Bei allen Haltungen unter B kann der Erwachsene mit beiden Händen streichen und klopfen.

1 Der Erwachsene streicht behutsam und langsam vom Nacken bis zum Steißbein des Kindes herunter.

2 Die Bewegung von Nr. 1 wiederholen.

3 Noch einmal die gleiche Bewegung ausführen.

4 Mit beiden Händen umfasst der Erwachsene den Po des Kindes und drückt ihn bei «Pob» liebevoll.

5	klob – klob – klob – klob.	5	Zweimal leicht gegen den Po klopfen, nach einer kleinen Pause weitere zweimal klopfen.
6	Jeieiei – juu –	6	Der Erwachsene streicht mit einer oder beiden Händen während der Silbe «Jeieiei» vom Nacken bis herunter ins Kreuz. Von dort weiterstreichen beim Klang der Silbe «juu» Bis zum Beinansatz (Oberschenkel).
7	Job – bobobb!	7	Gegen den Po klopfen, danach mit den Händen am Po bleiben, ihn herzhaft packen und tätscheln.

Dieses Berührungsspiel ist geeignet, dem Kind zu helfen, «zu sich zu kommen». Sei es nun, weil es schlecht oder zu tief geschlafen hat oder es vor Schmerz oder Übermut außer sich geraten ist und eines Trostes oder einer Beruhigung bedarf.

Für das geschädigte oder behinderte Kind ist es eine wirkliche Inkarnationshilfe. Man könnte zunächst (besonders bei autistischen Kindern) eine verkürzte Fassung anwenden und den Leib nicht direkt berühren, Luft dazwischen lassen, während man bei einem verhärteten Organismus eine stärkere, eindrucksvollere Berührung machen kann.

Bsssssss!

«Scherzli»

Bsssssss!
Sssss
Ssssssss
ssss
sst!
Gillillillillillillill!
Bsssssss!
Ssss
Ssssssss
ssss
sst!
Gillillillillillillill!
Bssss – ssss – sst.

<u>Laute</u>

1 Bsssssss!

<u>Bewegungen</u>

1 Aus der locker eingerollten rechten Faust den Zeigefinger herausstrecken, als Fliege. Der Daumen liegt leicht auf den eingerollten Fingern. Die «Fliege» kommt hinter dem Rücken hervor, herauf bis in Halshöhe.

2	Sssss	2	Nach vorne im Bogen über unten.
3	Ssssssss	3	Nach links zur Mitte im Bogen über unten.
4	ssss	4	Schleife über oben.
5	sst!	5	Gerade auf die linke Handoberfläche des Kindes.
6	Gillillillillillillill	6	Mit der rechten Zeigefingerkuppe leicht und zierlich (Fliegenbeinchen) die Hand kitzeln, eventuell wiederholen.
7	a Bsssssss!	7	a Fliege fliegt von der Hand im Bogen über unten nach rechts (bis etwa Magenhöhe),
	b Ssss		b einen Bogen nach links,
	c Ssssssss		c einen Bogen über unten nach rechts (Halshöhe),
	d ssss		d mit einer Schleife über oben nach rechts und bei
	e sst!		e «sst!» auf der rechten Wange landen.
8	Gillillillillillillill!	8	Wange mit dem Fiegenbein kitzeln, eventuell wiederholen.
9	Bssssssss (bis «sst!»)	9	Die Fliege fliegt wieder in vier Bögen zum Kind und landet bei «sst» auf der Hand des Kindes.
10	Gillillillillillillill!	10	Mit dem Fliegenbein die Hand des Kindes kitzeln.
11	Bssssssss (bis «sst!»)	11	Fliege fliegt in vier Bögen (siehe 7 a–e) und landet auf der Wange des Kindes.
12	Gillillillillillillill!	12	Die Wange mit dem Fliegenbein kitzeln.
13	Bssssssss (bis «sst!»)	13	In vier Bögen fliegt die Fliege zurück in Richtung rechter Schulter und verschwindet mit einer Schleife über oben mit «sst» hinter dem Rücken. Dem Kind heiter zulächeln.

Das «Bssss» und «ssss» wird mit dunkler Stimme gesummt, die Stimme schwillt dabei an und ab.
Das «Gillillillillillillill» mit hoher, zarter Stimme, in gleichbleibender Höhe sprechen.
Es ist wichtig, dass der Erwachsene die Fliege zuerst bei sich landen und kitzeln lässt, die Kinder überwinden dann ihre Scheu und wünschen sich, dass die Fliege auch zu ihnen kommt.
Anfänglich die Fliege nur ein-, höchstens zweimal landen und kitzeln lassen, das Kind wird dann eine Wiederholung erbitten. Später wird es zeigen, wohin die Fliege kommen soll, das kann dann auch außerhalb seines Körpers sein. Nach einiger Zeit wird es mit großer Freude selbst die Fliege spielen und bestimmen, wo sie landet. bei sich, bei anderen Menschen oder Gegenständen. Man nehme die Anregungen der Kinder auf. Dieses Spiel ist ein Urbild der Begegnung im Scherz.

Besuch

Fli – fla – flatter – Schmetterling –
Schmetterling besucht mein Kind.
Er setzt sich auf die Stirn,
auf die Augen und die Nas'.
Dann auf die Bäckchen rechts und links
und mitten auf das Kinn.
Zum Schluss gibt's einen Kuss!

Der Schmetterling, er fliegt davon:
Fli – fla – flatter – flarion –
Fli – fla – flatter – flee –
Ade, mein Kind, ade! –

Text

1   Fli – fla – flatter – Schmetterling –
    Schmetterling besucht mein Kind.

Bewegungen

1   Die rechte Hand des Erwachsenen ist der Schmetterling: Alle Finger und der Daumen sind eng zusammengelegt und werden als Flügel von den Fingerwurzeln her bewegt. Die Finger und das Handgelenk werden dabei ruhig gehalten.
    Flugweg:
    «Fli – fla – flatter» einen Bogen nach rechts außen.

    «Schmetterling» im Bogen nach links innen.

    «Schmetterling besucht mein Kind»

    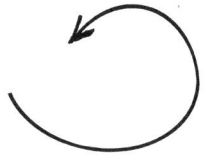

    im Bogen nach rechts außen
    und über oben zum Kopf des Kindes.

2 Er setzt sich auf die Stirn,

2 Jetzt ist die Fingerkuppe des Zeigefingers der Schmetterling, dieser ist aus der locker eingerollten Faust herausgestreckt. Mit der Zeigefingerkuppe jeweils beim Nennen des Körperteils, dieses leicht berühren.

3 Auf die Augen

3 Auf die Wortsilbe «Au-» den rechten Zeigefinger auf das rechte Auge oberhalb des geschlossenen Lids und unterhalb der Augenbraue leicht berühren. Auf die Silbe «-gen» die gleiche Berührung am linken Auge.

4 und die Nas'.

4 Mit der Zeigefingerkuppe auf der Nasenspitze ein wenig verweilen, dabei den Finger leicht bewegen, dabei das Wort «Nas'» gedehnt sprechen.

5 Dann auf die Bäckchen

5 Der Zeigefinger «fliegt» in einem Bogen über oben erst auf das rechte, dann auf das linke Bäckchen, jeweils zart berühren.

6 und mitten auf das Kinn.

6 Wie bei der Nase ein wenig verweilen und leicht kitzeln. Nach dem Kitzeln einen Moment still sitzen bleiben.

7 Zum Schluss gibt's einen Kuss!

7 Bei dem Wort «Schluss» den Finger abheben und bei dem Wort «Kuss» mit leichtem Druck auf die Mitte der Oberlippe setzen.

8 Der Schmetterling, er fliegt davon:

8 Der Erwachsene nimmt seine Hand im Bogen nach oben vom Kind weg, er bildet wieder die Geste des fliegenden Schmetterlings, wie unter 1 beschrieben.

9 Fli – fla – flatter – flarion –

9 Den Schmetterling fliegen lassen, dabei die Flugbögen immer weiter nach rechts außen führen.

10 Fli – fla – flatter – flee –
    ade, mein Kind, ade! –

10 Die Bögen immer noch weiter nach rechts, bis der Schmetterling beim zweiten «ade» geradeaus nach rechts davon fliegt.

Burre – bum

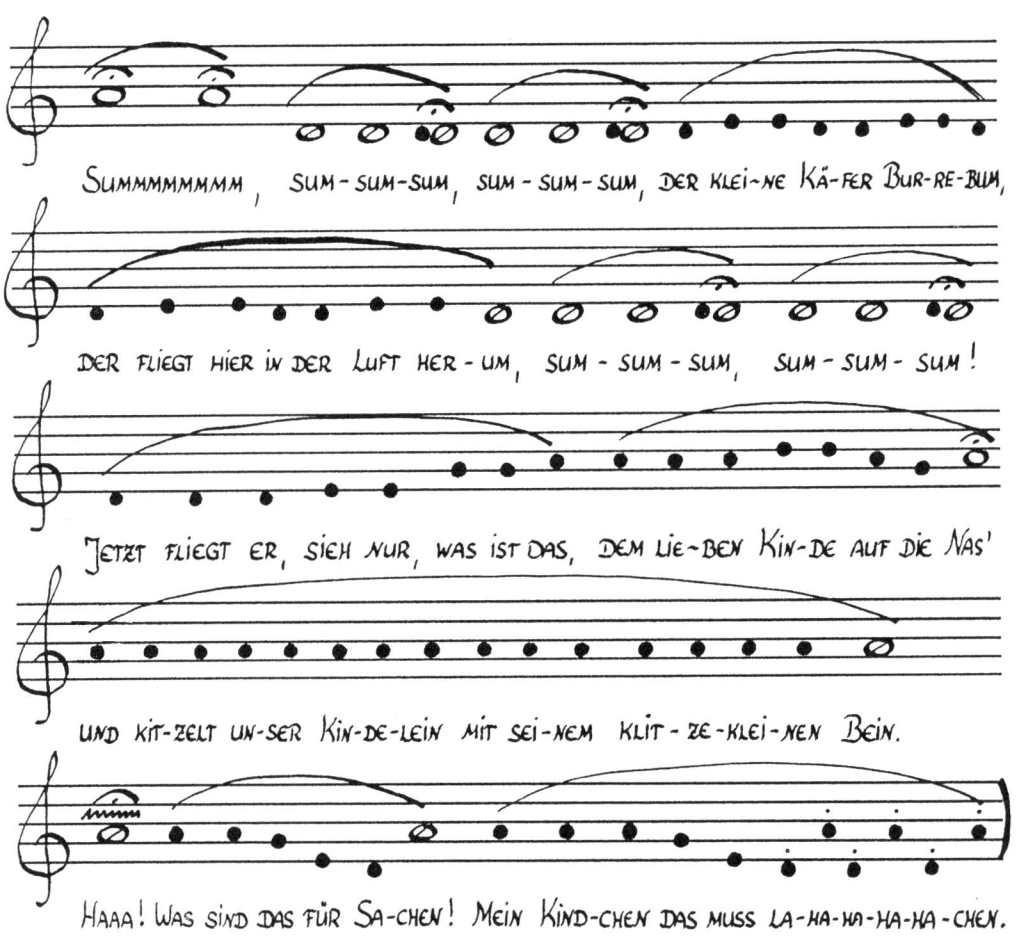

Summmmmmm, sum-sum-sum, sum-sum-sum, der klei-ne Kä-fer Bur-re-bum,

Der fliegt hier in der Luft her-um, sum-sum-sum, sum-sum-sum!

Jetzt fliegt er, sieh nur, was ist das, dem lie-ben Kin-de auf die Nas'

und kit-zelt un-ser Kin-de-lein mit sei-nem klit-ze-klei-nen Bein.

Haaa! Was sind das für Sa-chen! Mein Kind-chen das muss la-ha-ha-ha-ha-chen.

Quintenstimmung mit dem Zentralton a' (Pendelton) (Das Lied immer mit a' anstimmen)
Man singt leicht und strömend dem Sprachrhythmus folgend, eine ruhige Schwingung einhaltend

Notation: ● ≈ eine Pulsation (Grundschlag) / ∅ ≈ ●● / ○ ≈ ●●●● / ●○ ≈ ●●● / ⌢ ≈ länger halten / ᨖ ≈ Stimme wie beim Lachen in schneller Folge vibrieren lassen / ●̇ ≈ leicht abfedern, staccato / ⌒ ≈ Atembogen

Fortsetzung des Liedes «Burre – bum» von Seite 54:

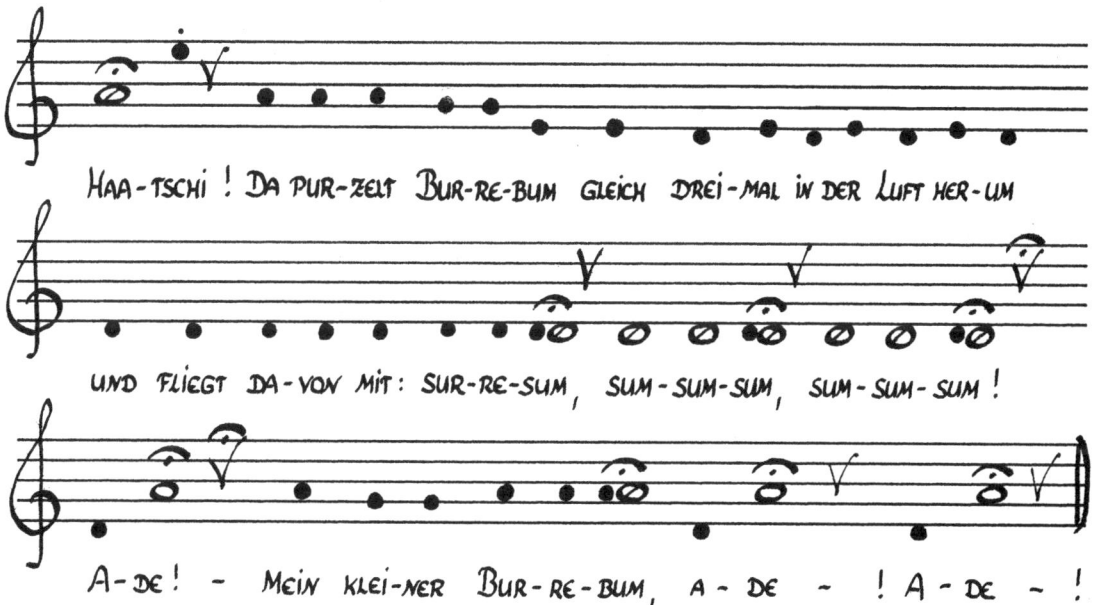

Liedtext	Bewegungen
1 Summmmmm (stumm) 	1 Auf dem rechten Oberschenkel des Erwachsenen liegt die rechte, lockere Faust, (der Daumen liegt auf dem Mittelfinger), aus der der leicht gebogene Zeigefinger herausgestreckt wird. Die Zeigefingerkuppe ist das Käferlein. Es fliegt bei «summmm» im Bogen nach links herauf und ohne stimmliche Begleitung vollendet es einen Kreis zurück zum Ausgangsort, nicht absetzen,
2 sum – sum – sum,	2 sondern nach rechts schaukeln
3 sum – sum – sum,	3 und nach links schaukeln, etwas höher.
4 Der kleine Käfer Burrebum	4 Das Käferlein fliegt wieder nach rechts, noch etwas höher,
5 der fliegt hier in der Luft herum.	5 und wieder nach links und nochmals höher.
6 Jetzt fliegt er, sieh nur, was ist das? Dem lieben Kinde auf die Nas'!	6 Den skizzierten Flugweg in der Bewegung nachvollziehen und auf der Nase des Kindes landen.
7 und kitzelt unser Kindelein mit seinem klitzekleinen Bein	7 Der Erwachsene kitzelt mit seiner Zeigefingerkuppe, die Nasenspitze des Kindes.
8 Haaa!	8 Der Käfer fliegt in einem kleinen Bogen von der Nasenspitze zur Nasenwurzel. Auf dem Laut «Haaa» lässt der Erwachsene seine Stimme vibrieren.
9 was sind das für Sachen?	9 Mit der Fingerkuppe die Nasenwurzel des Kindes sehr leicht kitzeln, kaum berühren.
10 Mein Kindlein das muss	10 Der Käfer fliegt im kleinen Bogen zurück zur Nasenspitze, bei dem Wort «lachen» setzt er sich dort nieder.
11 la – ha – ha – ha – ha – chen	11 Durch das Lachen des Kindes gelingt es dem Käferlein nicht, auf die Nasenspitze zu sitzen; der Erwachsene tupft dreimal mit der Zeigefingerkuppe auf die Nase des Kindes und fliegt jedesmal in einem kleinen Bogen wieder nach oben weg.

12 Haaatschi!

13 da purzelt Burrebum
gleich dreimal in der Luft herum

14 und fliegt davon mit surre – sum,
sum – sum – sum –
sum – sum – sum –

15 Ade, mein kleiner Burrebum
Ade! – Ade! –

12 Der Käfer landet und kitzelt. Dann wird er durch das Niesen bei der Silbe «tschi» hochgeschleudert.

13 Der Erwachsene setzt den skizzierten Weg in die Bewegung um.

14 Ab dem Wort «fliegt» wieder in gerader Fluglinie nach rechts oben, außen davon fliegen.

15 Wenn die Hand des Erwachsenen am äußersten Punkt angelangt ist, geht er vom «fliegen» ins Winken über.

Ba – ba – Buuh

Ba – ba – buuh! – Ist zu!
Ba – ba – baus! – Guckt raus!
Ba – ba – buuh! – Ist zu!
Ba – ba – baus! – Guckt raus!
Ba – ba – buuh! – Ist zu!
Ba – ba – Baah! – Ist da!
Ist da, mein Kind, ist da!

Text

Berührungen

A der Spieler macht die Bewegungen beim anderen.
B der Spieler macht die Bewegungen bei sich selbst.

1 Ba – ba – buuh!

1 Beide Hände von der Seite bis zur Mitte zusammenführen, bis sie das Gesicht verdecken, dabei sollte das Gesicht kaum berührt werden. Die Fingerkuppen berühren die Stirn ganz zart, macht man das Spiel am Kind, berührt die Kleinfingerkante die Wangen des Kindes. Macht man das Spiel an sich selbst, liegen die Daumenwurzeln leicht an den Wangen. Die Finger so locker halten, dass ein wenig Licht durchschimmern kann. Das Wörtchen «buuh» gedehnt sprechen.

2 Ist zu!

2 Die Hände ruhig über das Gesicht halten. Das Wörtchen «zu» wiederum gedehnt sprechen.

3 Ba – ba – baus!

3 Die Hände behutsam auseinanderklappen, Kleinfingerrand, beziehungsweise Daumenseite bleibt an den Wangen liegen.

4 Guckt raus!
5 Ba – ba – buuh!
6 Ist zu!
7 Ba – ba – baus!

4 Dem Kinde lächelnd zunicken.
5 Wie oben bei 1.
6 Wie oben bei 2.
7 Wie oben bei 3.

8 Guckt raus!	8 Wie oben bei 4.
9 Ba – ba – buuh!	9 Wie oben bei 1.
10 Ba – ba – baah!	10 Die Hände dieses Mal soweit auseinanderklappen, dass sie an beiden Seiten neben dem Kopf stehen, mit der Innenfläche zum Zuschauer.
11 Ist da!	11 Dem Kind in dieser Offenheit erfreut zunicken. Das Wörtchen «da» gedehnt sprechen.
12 Ist da, mein Kind,	12 Hände zusammenklappen vor dem Brustbein und dort halten.
13 Ist da!	13 Macht der Erwachsene die Gebärden an sich selbst, nickt er jetzt dem Kind lächelnd zu und tupft ihm auf die Nase, oder er umarmt es. Hat der Erwachsene die Gebärden am Kind ausgeführt, nickt er dem Kind nur lächelnd zu.

Ist das Kind noch sehr jung, sollte der Erwachsene die Bewegungen bei sich selbst machen, bis das Kind von sich aus die Berührung wünscht.

Das Kind muss in einem gewissen Alter das sogenannte «Kuckuck-Spiel» spielen: Verschwinden können und Wiederauftauchen. Auch wenn die Mutter oder das Kind selbst nur die Hand über die Augen legt, ist das Kind effektiv «weg».
Es wäre verfehlt, wenn der Erwachsene feststellen würde: «du bist ja gar nicht weg». Er muss das Spiel mitspielen, er muss das demonstrierte «Nicht-da-sein-wollen» akzeptieren, muss mit Verständnis darauf eingehen. Alles andere wäre bares Unverständnis der Situation. Verschwinden können und Wiederauftauchen gehört zum gesunden Ablauf eines Menschenlebens. Es begründet und entwickelt ein späteres Freiheitsbewusstsein.

Dieser Text gehört zu Eia – Beia – Backchen:
Je jünger das Kind ist, desto empfindlicher ist es für Berührungen im Kopf- und Brustbereich! Erst mit ca. zweieinhalb Jahren ist es in diesen Zonen für Berührungen empfangsbereit. Einige Kinder machen schon früher mit, zum Beispiel wenn der Erzieher oder Therapeut mit größeren Kindern das Spiel macht, streckt das kleine Kind bald sein Köpfchen hin und möchte das «Geschenk» auch haben. Bald will es dann bei der Mutter die Berührungen machen.
Ab etwa zweieinhalb Jahren verteilt es dann dieses «Geschenk» mit großer Freude und Ausdauer in seiner Umgebung.
Dieses Spiel ist ein Ur-Bild für die Zärtlichkeit! Man leitet es ein mit den Worten: «Ich schenk' dir was!»

Eia – Beia – Backchen

Eia – Beia – Backchen.
Kriegst ein liebes Schnackchen.
Eia – Beia – baus.
Schnick – schnack – aus.

Text

1 stumm:

2 Eia – beia

3 Backchen.

4 stumm

5 Kriegst ein liebes

6 Schnackchen.

7 stumm

8 Eia – beia

9 baus,
10 Schnick – schnack

11 aus!

Berührungen

1 Mit beiden Händen ein kleines Dach über dem Kopf des Kindes andeuten.

2 Beim Sprechen an Schläfen und Wangen, diese kaum berührend, luftig herunterstreichen, bis die Handwurzeln am Unterkiefer anliegen.

3 Mit den Handinnenflächen leicht gegen die Wangen drücken.

4 Die Hände wegnehmen und das Kind anschauen.

5 Dem Kind beim Sprechen lächelnd zunicken.

6 Gleichzeitig an beiden Bäckchen behutsam zupfen.

7 Über dem Kopf wieder ein Dach andeuten, wie bei 1.

8 Wieder luftig an den Schläfen und Wangen herunterstreichen, wie oben bei 2.

9 Die Wangen leicht drücken, wie oben bei 3.

10 Bei «Schnick» mit der rechten Daumen- und Zeigefingerkuppe zart an der Nase zupfen, bei «schnack» mit beiden Händen zart an den Bäckchen zupfen, wie bei 6.

11 Die Wangen des Kindes in die Hände nehmen und leicht drücken. Man kann auch, während man die Wangen drückt den Kopf des Kindes neben seinen Kopf heranziehen. Eine weitere Möglichkeit: Die Wangen nicht drücken, dafür das Kind in den Arm nehmen. Das Wort «aus» sehr gedehnt sprechen.

Weiches Schöpfele

Weiches Schöpfele
auf dem Köpfele.
Weiches Schöpfele
auf dem Köpfele.
Krulle-krulle-krulle-krab.
Zipp – Zapp!
Krulle-krulle-krulle-krab.
Zipp – Zapp!

Text

1. Weiches Schöpfele
   auf dem Köpfele.

2. Weiches Schöpfele
   auf dem Köpfele.

3. Krulle-krulle-krulle-krab.

4. Zipp – Zapp!

5. Krulle-krulle-krulle-krab.

6. Zipp! – Zapp!

weitere Spielmöglichkeiten:

7. Krulle–krulle–krulle–krab.

8. Zipp! – Zapp!

Berührungen

1. Mit den Fingerkuppen beider Hände vom Haaransatz an der Stirn sehr behutsam bis zur Kopfmitte durch das Haar fahren, die Kopfhaut des Kindes dabei kaum berühren. Alle Finger sind in leichter Bewegung.

2. Die gleiche behutsame Bewegung wie bei 1, dieses Mal von der Kopfmitte bis zum Haaransatz im Nacken krabbeln.

3. Leichtes Krabbeln mit den Fingerkuppen im Nacken (Hals) bis herum zu den Ohren.

4. Mit Zeigefinger- und Daumenkuppen an beiden Ohrläppchen gleichzeitig zupfen.

5. Mit den Fingerkuppen am Hals unter dem Kinn krabbeln.

6. An den Ohrläppchen zupfen, wie bei 4.

7. Leichtes Krabbeln mit den Fingerkuppen von den Ohren bis herunter zu den Schultern.

8. Mit den Kuppen von Zeigefinger und Daumen an beiden Schultern zugleich leicht zupfen.

9 krulle-krulle-krulle-krab.	9 Leichtes Krabbeln mit den Fingerkuppen von den Schultern bis zu den Ellenbogen.
10 Zipp! – Zapp!	10 Die Fingerkuppen von Zeigefinger und Daumen zupfen behutsam an beiden Ellenbogen.
11 Krulle-krulle-krulle-krab.	11 Leichtes Krabbeln von den Ellenbogen bis herab zu den Händen (Fingern).
12 Zipp! – Zapp!	12 Mit allen Fingerkuppen an den Fingern des Kindes zart zupfen. Jetzt tritt der Erwachsene hinter das Kind oder dreht es um, so dass der Rücken des Kindes zum Erwachsenen hin zeigt.
13 Krulle-krulle-krulle-krab.	13 Leichtes Krabbeln mit den Fingerkuppen vom Hinterkopf bis in den Nacken.
14 Zipp! – Zapp!	14 Mit Zeigefinger- und Daumenkuppen gleichzeitig mit beiden Händen behutsam im Nacken zupfen.
15 Krulle-krulle-krulle-krab.	15 Leichtes Krabbeln vom Nacken bis zu den Schulterblättern.
16 Zipp! – Zapp!	16 Mit allen Fingerkuppen an den Schulterblättern leicht zupfen.
17 Krulle-krulle-krulle-krab.	17 Leichtes Krabbeln von den Schulterblättern bis herunter zum Po-Ansatz.
18 Zipp! – Zapp!	18 Mit allen Fingerkuppen am Po-Ansatz fein zupfen. Danach die Hände mit den Fingerspitzen nach unten einen Augenblick auf den Po auflegen.
19 Ei!	19 Mit den flachen Händen, Fingerspitzen nach oben den ganzen Rücken vom Nacken bis zum Po-Ansatz sehr behutsam herunterstreichen.

Alles sehr ruhig ausführen, fast singend sprechen. Alle Fingerberührungen sind hauchzart auszuführen, wie eine Luftschicht zwischen sich und dem Kinderkörper lassend.

Troppe – Tröpfele

Troppe – Tröpfele
auf das Köpfele!
Troppe – Tröpfele
auf die Nas'!
Troppe – Tröpfele
auf das Gras!
Troppe – Tröpfele
alles nass! –

Text

1 Troppe – Tröpfele auf das Köpfele!

2 stumme Bewegung

3 Troppe – Tröpfele
4 auf die Nas'!

5 stumme Bewegung

6 Troppe – Tröpfele
7 auf das Gras!

8 stumme Bewegung

Berührungen

1 Die Arme hoch über den Kopf erheben, Ellenbogen nicht ganz durchstrecken. Die Handinnenflächen sind zum Zuschauer und gleichzeitig leicht abwärts gerichtet, dann die Hände mit den sich fortwährend bewegenden Fingern, (die Fingerkuppen stellen die Regentropfen dar), zum Kopf herunterführen und ihn bei dem Wort: «Köpfele» mit den Fingerkuppen zart berühren.

2 Die Arme und die Hände ruhig über den Kopf zurückführen. (Ausgangshaltung)

3 Man lässt es wieder regnen, wie oben bei 1.
4 Bei «Nas'» die Nase behutsam mit den Fingerkuppen berühren. Das Wort «Nas'» gedehnt sprechen.

5 Die Arme und die Hände ruhig über den Kopf zurückführen.

6 Man lässt es wieder regnen, wie oben bei 1.
7 Sitzt das Kind, lässt man es ihm bis auf die Oberschenkel herab regnen, liegt das Kind, fällt der «Regen» bis auf die Füße. Das jeweilige Körperteil mit den Fingerkuppen behutsam berühren. Das Wort «Gras» gedehnt sprechen.

8 Die Arme und die Hände ruhig über den Kopf zurückführen.

9 Troppe – Tröpfele	9 Man lässt es wieder regnen wie oben bei 1.
10 alles – alles – alles nass.	10 Mit dem ersten «alles» sind die Fingerkuppen am Kopf angelangt, von dort den ganzen Körper herunter «regnen» lassen, die Arme und Hände des Kindes miteinbeziehen. Alle Berührungen sind zart. Die folgenden: «alles» zeitlich so verteilen, dass sie die Bewegung bis zu den Oberschenkeln oder den Füßen begleiten. Nr. 10 kann wiederholt werden, dann aber lässt man es am Kopf beginnend den Kinderrücken hinunter «regnen».

Man kann sich das Kind auf den Schoß setzen, es mit einem Arm halten und das Spiel dann mit dem freien Arm ausführen.

Das nachfolgende «Trockenreiben» eignet sich in zweierlei Weise hervorragend als Ergänzungsspiel:
1. Das Kind war nass vom Regen, also muss man es abtrocknen.
2. Das «Trocken reiben» ergänzt die sehr zarte Berührung durch eine kräftige, herzhafte. Das Kind kann sich dabei freudig erfühlen, mit Jauchzen gibt es seinem Wohlbehagen Ausdruck.

Trocken-Reiben

Rubbe-rubbe-rubbe-rab.
Rubble ich mein Kindchen ab.
Rubbe-rubbe-rubbe-rab.
Rubbe-rubbe-rubbe-rab.
Muss mein Kindchen trocken reiben.
Nass soll doch mein Kind nicht bleiben.
Rubbe-rubbe-rubbe-rab.
Rubble ich mein Kindchen ab.

Alles trocken?
Füße – Beine – und der Bauch –
Hände – Arme – Ohren – Nase –
Köpfchen – und der Rücken auch? –

Trocken alles! – Alles trocken!
Ich nehm' mein Kind noch in den Arm
und halt' es wumme-wumme-warm!

<u>Text</u>

1 Rubbe-rubbe-rubbe-rab.
   Rubble ich mein Kindchen ab.
   Rubbe-rubbe-rubbe-rab.
   Rubbe-rubbe-rubbe-rab.
   Muss mein Kindchen trocken reiben.
   Nass soll doch mein Kind nicht bleiben.
   Rubbe-rubbe-rubbe-rab.
   Rubble ich mein Kindchen ab.

2 Alles trocken?

3 Füße – Beine – und der Bauch –
   Hände – Arme – Ohren – Nase –
   Köpfchen – und der Rücken auch?

<u>Berührungen</u>

1 Der Erwachsene reibt mit den Handflächen den Körper des Kindes und spricht dabei im Rhythmus den Text. Er nimmt sich der Reihe nach die verschiedenen Körperteile vor. Es ist wichtig, immer eine Zäsur einzuschieben, bevor man einen anderen Körperteil abreibt. Das Abreiben kann kräftig sein, es macht den Kindern Freude. Allerdings muss der Erwachsene die Verfassung des Kindes wach wahrnehmen, was dem Kind am einen Tag gefällt, kann am anderen Tag Unbehagen auslösen.

2 Mit der Reibe-Bewegung innehalten und die Frage stellen: «Alles trocken?»

3 Der Reihe nach die genannten Körperteile anfassen und prüfen, ob sie trocken sind und jedesmal bestätigend nicken. Dieses «Prüfen» ist eine sanft streichende Berüh-

	rung, die nach dem kräftigen, belebenden Reiben eine Beruhigung für das Kind bringt. Das Spiel klingt allmählich aus.
4 Trocken alles! – Alles trocken!	4 Das Kind bestätigend anschauen, jeweils bei dem Wort «trocken» dem Kind zunicken.
5 Ich nehm' mein Kind noch in den Arm	5 Das Kind in den Arm nehmen und an sich drücken.
6 Und halt' es wumme-wumme-warm!	6 Das Kind in den Armen eine Weile hin- und herwiegen oder drehen.

Es kann sein, dass das Kind beim «Nachprüfen» sagt, dass ein Körperteil noch nicht trocken ist und ihn nochmals hinhält zum Trockenreiben. Dann reibt man noch einmal mit «Rubbe-rubbe-rubbe-rab, reibe ich es nochmal ab!» und schließt mit den Worten «So – jetzt ist es trocken!»

Das «Trocken-Reiben» kann natürlich auch als selbstständiges Spiel, ohne das Regenspiel «Troppe-Tröpfele», gespielt werden, nach dem Waschen oder Baden oder nach einem tatsächlichen Regenguss, mit Handtuch. Manches Kind, das sonst Schwierigkeiten machen würde, lässt sich mit diesem rhythmischen Vers gerne kräftig abrubbeln. Wenn man das Kind auf dem Schoß im Arm hält, reibt man nur mit einer Hand ab.

Da lacht es, mein Kindlein

In die Augen vom Kindlein
schau tief ich hinein.

Auf das Näs'chen
gibt's einen Tupf!

Am Öhrchen
mach ich: zupf – zupf!

Das Ärmchen
streiche: ei – ei, ich hinunter.

In's Handele
patsch' – patsch'
patsche ich munter.

Krr – krrr! – Krr – krrrr!
Krabbele 's Bäuchlein.

Ha – haa! – Ha – haa!
Da lacht es, mein Kindlein.

Text

1   In die Augen vom Kindlein
    schau tief ich hinein.

Berührungen

1   Der Erwachsene nimmt das Gesicht des Kindes in seine Hände und lächelt das Kind an.

2   Auf das Näschen
    gibt's einen Tupf!

3   Am Öhrchen mach ich:
    zupf – zupf!

4   Das Ärmchen streiche:
    ei – ei, ich hinunter.

5   In's Handele patsch – patsch,
    patsche ich munter.

6   Krr – krrr! – Krr – krrr!
    Krabbele's Bäuchlein

7   Ha – Haa! – Ha – haa!
    Da lacht es, mein Kindlein!

2   Bei dem Wörtchen «tupf» mit der Zeigefingerkuppe auf die Nasenspitze des Kindes tupfen.

3   Bei «zupf – zupf» an beiden Ohren des Kindes gleichzeitig oder nacheinander zupfen. Das Zupfen ist behutsam, keinesfalls plötzlich.

4   Den rechten und den linken Arm des Kindes je einmal herunter streichen. Auch hier kann jeder Arm einzeln, oder aber beide Arme gleichzeitig gestrichen werden.

5   Der Erwachsene nimmt die rechte Hand des Kindes mit der Innenfläche nach oben in seine Linke. Er patscht viermal leicht in die Kinderhand hinein, jeweils bei dem Wort «patsch» und ein letztes Mal betont auf das Wort «munter».

6   Mit allen Fingern seiner rechten Hand krabbelt der Erwachsene auf dem Bauch des Kindes. Bei dem Wort «Bäuchlein» mit der flachen Hand den Bauch tätscheln.

7   Das Kind anlachen.
    Das Kind in die Arme nehmen, liebevoll an sich drücken und leicht hin- und herdrehen.

Selbstberührungs- und Partnerberührungs-Spiele

Möchte träumen gern vom Schnei'n – vom Schnei'n!

Ich lieg' in meinem Bett
und schlafe ein.
Möchte träumen gern
vom Schnei'n – vom Schnei'n!
Wie Flöckchen im Traum, in der Nacht,
hernniederschweben ganz sacht:

Dub! –
Dub! – Dub! – –
Dub! – mal hier.
Dub! – mal dort.
Dub! – Dub! immer so fort.
Dub! – Dub! leicht wie Flaum.
Dub! – Dub! im Traum – im Traum.

Die Mutter streichelt ihr müdes Kind
und sagt: «Schlaf ein, schlaf ein geschwind.
Schlaf ein, mein liebes Kindelein,
dann kannst du träumen
vom Schnein – vom Schnein!» –

Dieses Spiel kann in zwei verschiedenen Formen gespielt werden: einmal macht der Erwachsene alle Handgesten mit und <u>an seinem</u> Körper vor, so dass das Kind nachahmend mitspielen kann. Die andere Möglichkeit ist, dass der Erwachsene die Bewegungen am Kind ausführt, es wird also ein Berührungsspiel daraus.
Als Berührungsspiel sollte das: «Möchte träumen gern vom Schnei'n» allerdings erst dann gepielt werden, wenn das Kind schon kleinere, einfachere Liebkoschen kennen gelernt hat, zum Beispiel «Eia-Beia-Backchen» oder «Ma-ma-meh».

Text	Handgestenvorschläge
	Der Erwachsenen führt das Spiel an seinem Körper aus.
1 Ich lieg in meinem Bett und schlafe ein.	1 Der Erwachsene legt beide Hände zusammen an die linke Wange und den Kopf etwas geneigt darauf (das ist die Symbolgeste für das Schlafen). Er wiegt dabei mit dem Oberkörper leicht nach links.

2 Möchte träumen gern vom Schnei'n – vom Schnei'n!	2 Die Schlafgebärde beibehalten und weiter hin- und herwiegen: rechts – links – rechts.
3 Wie Flöckchen im Traum, in der Nacht, herniederschweben ganz sacht:	3 Beide Hände hochheben, Handinnenfläche nach vorn. Während sich alle Finger nacheinander und miteinander leicht und luftig bewegen, die Arme und Hände bis zum Kopf langsam herunter führen. Es schneit! Die Bewegung wird zweimal gemacht, jeweils bei «Nacht» und «sacht» mit den Fingern auf dem Kopf ankommen.
4	4 Mit den Fingerkuppen abwechselnd rechts und links den Körper hauchzart berühren. Das «Dub» hat am Wortende ein «b». Beim Sprechen darauf achten, dass wirklich ein «b» und kein «p» erklingt.
Dub!	Mit rechts die Stirn berühren.
Dub! – Dub!	Mit rechts die rechte Wange, mit links die linke Wange berühren.

Dub! – mal hier!	Mit der rechten Hand die Nase berühren, dann macht die Hand einen kleinen Bogen durch die Luft, danach:
Dub! – mal dort!	Mit der rechten Hand das Kinn berühren. Wieder einen kleinen Bogen durch die Luft machen und danach:
Dub! – Dub!	Erst rechts, dann links unterhalb des Schlüsselbeins leichtest auftupfen.
immer so fort	Jetzt rechts und links in der Brustbeinregion auftupfen.
Dub! – Dub! leicht wie Flaum	In der Brustregion rechts und links tupfen. Die Magenregion rechts und links betupfen.
Dub! – Dub!	Die Bauchnabelregion rechts und links betupfen.
im Traum, im Traum	Die Unterbauchregion auf beiden Seiten betupfen, dann, nach einer kleinen Zäsur weiter:
5 die Mutter streichelt ihr müdes Kind	5 Der Erwachsene streicht sich mit seiner rechten Hand zart von der Schulter bis zu den Fingerspitzen herunter.
6 und sagt: «schlaf ein, schlaf ein geschwind.	6 Jetzt streicht sich der Erwachsene mit der linken Hand zart den rechten Arm herunter.
7 Schlaf ein, mein liebes Kindelein,	7 Mit beiden Händen streicht der Erwachsene vom Kopf an seinen Schläfen über die Wangen zum Kinn herunter, gleichzeitig.
8 dann kannst du träumen	8 Die Symbolgeste für Schlafen machen.

9 vom Schnei'n – vom Schnei'n!»	9 Wie oben bei 2 leicht hin- und herbewegen.

Spielanleitung als Berührungs-Spiel
(der Erwachsene führt am Kind die Bewegungen und Berührungen aus)

Die Berührungen müssen sehr behutsam ausgeführt werden, es handelt sich um Schneeflocken, nicht um Regentropfen. Ist das Kind zugedeckt in seinem Bettchen, kann der Erwachsene die Berührungen auf der Zudecke machen, sie sind auch so für das Kind wahrnehmbar. Die Bewegungen haben etwas zeitlupenhaftes, dadurch wird das Schweben erlebbar.

Ausgangssituationen und entsprechende Textvarianten für das Berührungsspiel:

A Das Kind wird ins Bett gebracht oder liegt bereits (krank) im Bett (die Bewegungen werden vom Erwachsenen mit beiden Händen ausgeführt):

Ich leg mein Kind ins Bett hinein,
dann schläft es ein
und träumt vom Schnei'n.

Im Bettchen liegt mein Kindelein,
möchte träumen gern vom Schnei'n.

B Der Erwachsene hat das Kind im Arm oder auf dem Schoß (alle Berührungen und Bewegungen finden einhändig statt):

Im Arm wieg ich mein Kindelein
dann schläft es ein
und träumt vom Schnei'n.

C Das Kind sitzt dem Erwachsenen gegenüber (Bewegungen und Berührungen kann der Erwachsene hier wieder beidhändig ausführen):

Jetzt spiel ich mit dem Kindelein.
möchte träumen gern vom Schnei'n.

Jetzt spielen wir zu zwein,
möchten träumen gern vom Schnei'n.

Spielanleitung siehe Seite 74.

1 Wie Flöckchen im Traum,
 in der Nacht
 hernniederschweben ganz sacht.

2 Dub! – Dub!
 (Text weitersprechen wie Seite 71 f.;
 Punkt 4)

3 Die Mutter streichelt ihr liebes Kind
 und sagt: «schlaf ein, schlaf ein geschwind.

4 Schlaf ein, mein liebes Kindelein,

5 Dann kannst du träumen
 vom Schnei'n – vom Schnei'n.»

6 Dub!

---

1 Die Bewegungen für das Schneien so ausführen, wie sie in der Spieldurchführung für das Selbstberührungsspiel unter Nr. 3 erklärt sind. Je nach Situation mit einer, oder beiden Händen.

2 Die im Selbstberührungsspiel unter Nr. 4 beschriebenen Punkte am Körper des Kindes mit den Fingerkuppen hauchzart berühren. Situationsbedingt ein- oder beidhändig. Wenn der Erwachsene den Eindruck hat, dass es dem Kind gut tut, oder wenn das Kind selbst darum bittet, kann er noch weitere Berührungen mit dem dazu gesprochenen «Dub» vornehmen, zum Beispiel: Knie und Füße, oder Schulter, Ellenbogen, Hände, etc.

3 Auch hier wieder situationsbedingt mit beiden Händen gleichzeitig oder nur mit einer Hand die Berührungen ausführen: Zweimal von den Schultern über die Arme streichen, je einmal pro Textzeile.

4 Mit beiden Händen gleichzeitig, oder mit einer Hand nacheinander vom Kopf über die Schläfen und Wangen bis zum Kinn herunter.

5 Je nach Lage das Gesicht des Kindes mit einer oder beiden Händen zuhalten, nicht fest auflegen.

6 Hauchzart auf die Nasenspitze tupfen. Dann für eine Weile die Hand behutsam auf den Kopf oder die Wange des Kindes legen.

Glitzt – glitzt und taut

Schneeflöckchen schweben vom Himmelszelt
leise hernieder auf die Welt.
Eins schwebt auf meinen Kopf!
Schaut! – Es glitzt – glitzt und taut.

Schneeflöckchen schweben vom Himmelszelt
leise hernieder auf die Welt.
eins schwebt auf meine Brust!
Schaut! – Es glitzt – glitzt und taut.

Schneeflöckchen schweben vom Himmelszelt
leise hernieder auf die Welt.
Eins schwebt auf mein Knie!
Schaut! – Es glitzt – glitzt und taut.

Schneeflöckchen schweben vom Himmelszelt
leise hernieder auf die Welt.
Eins schwebt auf meine Hand!
Schaut! – Es glitzt – glitzt und taut.

Schneeflöckchen schweben vom Himmelszelt
leise hernieder auf die Welt.
Eins schwebt auf meine Nas'!
Schaut! – Es glitzt – glitzt und taut!

Schneeflöckchen schweben vom Himmelszelt
leise hernieder auf die Welt.
Bis auf die Erde herab sie fliegen,
dort bleiben sie liegen.

Text	Bewegungen
1 Schneeflöckchen schweben vom Himmelszelt leise hernieder auf die Welt.	1 Beide Hände sind die Schneeflöckchen. Jede Hand mit locker gebogenen Fingern und Daumen, Handinnenfläche nach unten, wie einen kleinen Fallschirm schweben lassen. Die Hände werden in kleinen, luftigen Bögen parallel auf und ab, hin und her, allmählich abwärts bewegt. Die Bewegung beginnt etwa in Stirnhöhe und endet etwa auf Höhe des Brustbeins.
2 Eins schwebt auf meinen Kopf.	2 Die rechte Hand (kleiner Fallschirm) ist jetzt das «eine Schneeflöckchen» das auf das Wort «Eins» langsam senkrecht bis über Kopfhöhe hochgeführt wird. Dabei gedehnt sprechen. Langsam schwebt das Schneeflöckchen wieder herunter und bei dem Wort «Kopf» das Schneeflöckchen jetzt als lockere Faust mit der Daumenseite auf dem Kopf auflegen.
3 Schaut!	3 Ohne Stirnrunzeln in Richtung des Schneeflöckchens schauen.
4 Glitzt – glitzt	4 Die rechte Hand zweimal zum Zuschauer hin spreizen.

5	und taut	5	Die lockere Faust mit der Daumenseite vom Kopf zur Schläfe und ein Stück seitlich über die Wange heruntergleiten lassen.
6	Schneeflöckchen schweben … etc.	6	Beim Refrain jedesmal die unter Nr. 1 beschriebene Gebärde ausführen.
7	Eins schwebt auf … etc.	7	Jetzt ist wieder nur die rechte Hand das Schneeflöckchen, wie unter Nr. 2 beschrieben. Der Reihe nach schwebt das Flöckchen auf die Brust, das Knie, die Hand und die Nase. Wenn das Flöckchen taut, lässt man jedesmal die lockere Faust von der betreffenden Körperstelle ein Stückchen herab gleiten. Sich Zeit lassen.
8	Bis auf die Erde herab sie fliegen,	8	Die Hände werden mit der bekannten Bewegung weiter herunter geführt bis auf die Oberschenkel, oder, falls man am Boden kniet bis auf den Boden. Die Hände leicht und locker auf den Beinen oder dem Boden auflegen. Eine Weile stumm darauf schauen. Mit einem bestätigenden Nicken weitersprechen:
9	dort bleiben sie liegen.		

Wenn das Kind von sich aus Ideen bringt, wohin das Flöckchen noch schweben soll, kann der Erwachsene diese Ideen aufgreifen.
Auch als Partnerspiel möglich, dann heißt es zum Beispiel: «Schau! Es schwebt auf deinen Arm».

Die Katz

Wer schleicht heran mit leiser Tatz?
Das ist die: Katz!– Miau –.
Sie liegt im warmen Sonnenschein,
ei – ei –: schnurrt – schnurrt – schnurrt.
Ei – Ei –: schnurrt – schnurrt –
Ei –: schnurrt
und schläft ein.

Text

1 stumm:

2 Wer schleicht her<u>an</u> mit l<u>ei</u>ser T<u>a</u>tz?
          Z   M   Z   M
          –   –   –   –
          Z   M   Z   M

3 Das ist die: Katz!

4 Miau –.

Bewegungen

1 Die rechte Hand des Erwachsenen ist die Katze. Zeige- und Mittelfinger sind die Vorderpfoten, oder Tatzen. Die anderen Finger sind eingerollt, der Daumen liegt auf dem Ringfinger. Die Katze schleicht mit sehr langsamen, aber sehr geschmeidigen Bewegungen über den rechten Oberschenkel, dabei wechseln sich Zeigefinger und Mittelfinger jedesmal ab, jeder Finger wird vor dem Aufsetzen erst nach vorne gestreckt. Die Katze schleicht! An der Hüfte beginnend macht die Katze vier Schritte Richtung Knie, ohne sprachliche Begleitung, dann

2 viermal im Sprachrhythmus: «–» die Pfoten aufsetzen, danach noch weitere viermal stumm die Katze schleichen lassen, jetzt ist die Katze kurz vor dem Knie angelangt.

3 Die Katze bleibt stehen und macht einen Buckel, bei den Worten «das ist die». Für den Buckel wird das Handgelenk hochgestellt und bei dem Wort «Katz» die ganze Hand und der ganze Unterarm auf den Oberschenkel heruntergelegt. Alle Finger liegen jetzt eingerollt auf.

4 Die rechte Hand mit den abgewinkelten

5 Sie liegt im warmen Sonnenschein

6 Ei – ei –:

7 Schnurrt – schnurrt – schnurrt.
 (hrrrrrrr – hrrrrrrrr – hrrrrrrr –)

8 Ei – ei –: schnurrt – schnurrt.
 Ei –: schnurrt
9 und schläft ein.

Fingern hochheben, die Handwurzel bleibt fest auf dem Oberschenkel liegen. Das «Miau» musikalisch gestalten, nicht naturalistisch.

5 Der Erwachsene schaut die «Katze» liebevoll an.

6 Mit der linken Hand wird nun die Katze liebevoll gestreichelt: zweimal, (jeweils bei «ei») über die Faust und den Unterarm bis zum Ellenbogen. Das «ei» fast singend sprechen. Dann horchen:

7 Auf der gleichen Tonhöhe (monoton) drei mal das «schnurrt» sprechen (nicht zu langsam), nach Möglichkeit das «r» mit der Zungenspitze rollen lassen. Wer es kann macht mit der Zunge nur das Schnurrgeräusch, «hrrr – hrrr – hrrr» danach einmal «schnurrt» sagen. Die Geräuscherzeugung: Mit einem «h» die Luft herausgeben und die Zungenspitze hinter den Zähnen vibrieren lassen.

8 Wie bei Nr. 6. Nach dem letzten «schnurrt» etwas länger horchen.

9 Der Erwachsene schaut die Katze an, die sich jetzt sehr langsam umdreht und zum Schlafen einrollt: die rechte Faust so drehen, dass der Kleinfingerrand auf dem Oberschenkel liegt, zusätzlich das Handgelenk stark abwinkeln. Dazu gedehnt sprechen. Bei dem Wörtchen «ein» die Katze ruhen lassen.
Der Erwachsene schaut das Kind an und nickt ihm langsam, betont zu.

Das Bum und Batsch

Bum und Batsch und
Wum und Watsch und
Bab und Baaa und
Hier und Da und
Trallalallalallala!
Und Huh und Muh –
und Auf und Zu! – Ja!

Text

1   Bum und

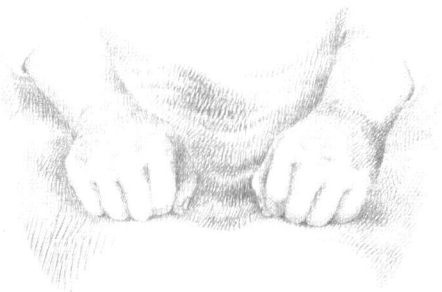

2   Batsch und

3   Wum und

4   Watsch und

5   Bab und Baaa und

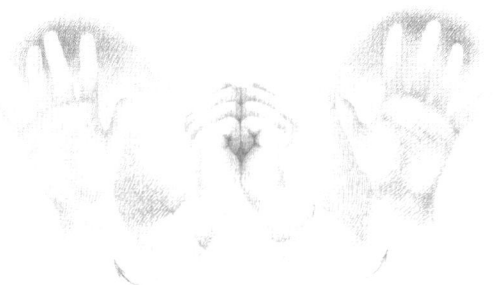

Bewegungen

1   Mit beiden Fäusten (Daumen außen) leicht abfedernd auf die Oberschenkel klopfen.

2   Beide Hände leise und leicht federnd zusammenbatschen.

3   Mit den flachen Händen (Fingerspitzen nach vorn) auf den Oberschenkeln schwungvoll vom Beinansatz bis zum Knie wischen.

4   Mit der gleichen Handstellung wie bei Nr. 3 vom Knie wieder zurück zum Beinansatz wischen.

5   Die beiden senkrecht gehaltenen Fäuste mit den eingerollten Fingern federnd gegeneinander schlagen, die Daumen liegen auf den eingerollten Zeigefingern. Bei «und» die Fäuste auseinandernehmen.
Bei dem langgedehnten «Baaa» die Fäuste drehen, dabei die Hände ganz öffnen, die Finger spreizen, so dass die Innenfläche

sichtbar wird. Die Hände ein Weilchen still halten.

6 Hier und

6 Mit den Fingerkuppen beider Hände auf Brustbeinhöhe auf den Oberkörper tippen.

7 Daaa und

7 Mit beiden Händen, die Innenflächen nach unten zeigend, weit nach vorn deuten, ohne sich dabei zu überstrecken.

8 Trallalallalallala! – und

8 Die erhobenen Hände aus- und eindrehen.

9 Huh und

9 Die Hände neben dem Mund halten, als «Schalltrichter», ohne ihn dabei zu berühren. Das «Huh» gedehnt, aber nicht zu laut rufen.

10 Muh und

10 Die Hände mit einigem Abstand vor dem Mund mit den Kleinfingerrändern zusammenlegen, dann in die hohlen Hände ein etwas dunkleres «Muh» hineinrufen.

11 Auf und

11 Die Arme weit öffnen wie zu einer Umarmung.

12 Zu! –

13 – Ja! –

12 Die Hände über der Brust zusammen legen, die rechte Hand über die Linke. Für Kinder ab etwa fünf Jahren kann man die Finger der rechten Hand unter der linken Achsel und die Finger der linken Hand unter der rechten Achsel verschwinden lassen.

13 Die Hände im kleinen Bogen zu den Oberschenkeln herunter führen, mit dem Wörtchen «Ja» und bestätigendem Nicken die flachen Hände auf die Oberschenkel legen. Eine Weile so sitzen.

Armtrage- / Armhalte-Verse

Alle die Sternlein

Alle die Sternlein

Die Armtrage- oder Armhalte-Verse sind für das ganz kleine Kind gedacht. Mutter oder Vater halten das Kind auf dem Arm und stehen mit ihm zum Beispiel am Fenster, auf dem Balkon, im Garten, oder auch im Park oder im Wald. Mutter oder Vater tragen das Kind mit einem Arm, der andere Arm ist frei um die kleinen Gesten und Gebärden auszuführen.

Es ist anzustreben, dass das Kind so früh wie möglich zur Wahrnehmung der es umgebenden Natur angeregt wird. Gerade in der Großstadt oder auch im Haushalt, mit vielen maschinellen Geräuschen, ist es wichtig, die Sinne des Kindes für die natürlichen Eindrücke zu sensibilisieren. Die Freude, die es beim Sehen der Sterne oder beim Hören der Vogelstimmen empfindet, veranlagt für das spätere Leben ein Dankbarkeitsgefühl und entwickelt die Fähigkeit in schwierigen Lebenssituationen zum Beispiel durch das Hören der Vogelstimmen, Trost zu empfangen. Die Liebe zur Erde wird gebildet und damit das Bedürfnis, sie zu schützen.

Text

1 Alle die Sternlein am Himmelszelt

2 schauen hernieder auf unsre Welt

3 Funkeln im Dunkeln
  mit leuchtendem Strahl

4 Alle die Sternlein,
  wer kennt ihre Zahl?

5 Alle die Sternlein am Himmelszelt
6 strahlen hernieder auf unsre Welt
7 (stumme Bewegung)

Spielanleitung

1 Kind auf dem Arm tragen, ans Fenster gehen und mit der freien Hand langsam zu den Sternen hinaufdeuten.

2 Die freie Hand langsam herunterführen, auf die Welt deuten.

3 Mit der Hand einen Halbkreis über oben beschreiben, den Himmelsbogen nachzeichnend.

4 Mit der Hand den gleichen Halbkreis diesmal in Gegenrichtung beschreiben.

5 Wie oben bei 1 beschrieben.
6 Wie oben bei 2 beschrieben.
7 Die Wange des Kindes leicht streicheln und den Kopf des Kindes behutsam an sich drücken. Dabei schweigen.

---

zu Seite 84:

QUINTENSTIMMUNG MIT DEM ZENTRALTON A' (PENDELTON) (DAS LIED IMMER MIT A' ANSTIMMEN)
MAN SINGT LEICHT UND STRÖMEND DEM SPRACHRHYTHMUS FOLGEND, EINE RUHIGE SCHWINGUNG EINHALTEND

NOTATION: • ≈ EINE PULSATION (GRUNDSCHLAG) | ⌀ ≈ •• | ⌀ • ≈ ••• | ⌒⌀ ≈
•••••• / ⁀ ≈ LÄNGER KLINGEN LASSEN | ⌒ ≈ ATEMBOGEN

Ein Vögelein sitzt auf dem Baum

Ein Vögelein sitzt auf dem Baum.
So klein, so klein, man sieht es kaum.
Aber hören tut man's gut!
Piep-piiiep! – Piep-piiiep! – Piep-piiiep!
Horch! – Horch! – Es singt:
piep-piiiep! – piep-piiiep! –
«Kindelein, ich hab' dich lieb!»

Text

1 Ein Vögelein sitzt auf dem Baum
2 So klein, so klein,
 man sieht es kaum

3 Aber hören tut man's gut:

4 Piep-piiiep! – Piep-piiiep! –
 Piep-piiiep! –

5 Horch! – Horch! – Es singt:
6 Piep-piiiep! – Piep-piiiep: –
 «Kindelein ich hab' dich lieb!»

Spielanleitung

1 Der Erwachsene zeigt auf den Baum.
2 Der Erwachsene nimmt seine Hand an die Stirn, er sucht mit seinem Blick das Vögelein in den Zweigen.
3 Der Erwachsene nimmt seine Hand ans Ohr und horcht auf das Singen.
4 Der Daumen und der Zeigefinger werden aufeinandergelegt als Schnäbelchen. Die anderen Finger werden eingerollt. Das Schnäbelchen jeweils auf das «i» in dem Wort «piep» öffnen und auf das «p» am Ende des Wortes «piep» wieder schließen.
5 Die Hand ans Ohr wie bei 3.
6 Wiederum das Schnäbelchen im Sprachrhythmus öffnen und schließen.

Abschluss: Die Wange des Kindes liebevoll streicheln oder den Kopf an sich drücken, dabei sprechen: «Ich dich auch!»

Das Herz macht: Klopf – klopf – klopf …

Mutter oder Vater können das Kind liebevoll im Arm halten und folgenden Text leise zu ihm sprechen:

Ich nehm' dich in den Arm,
da liegst du weich und warm.
Leg' an mein Herz den kleinen Kopf.
Hörst du? Es macht:
Klopf – klopf – klopf.
Mein Kindlein, hör' nur her,
«Klopf – klopf – klopf, ich lieb dich sehr»,
Klopf – klopf – klopf , ich lieb dich sehr.»

In Vaters Arm

Die Mutter sitzt mit dem Kind im Arm, der Vater steht dahinter und legt den Arm um Mutter und Kind. Die Mutter spricht den Text:

Der Vater legt den Arm um uns.
Mit seiner Hand das Kind er stützt.
Mutter und das Kindelein
fühlen sich bei ihm geschützt.
In Vaters Arm
ist es so warm! –

Anhang

Die Wirkung der Spiele bei gesunden Kindern

Bericht aus einer Kinderklinik

Heut hatte ich wieder ein schönes Erlebnis mit einem Ihrer Liebkoschen: Ein pausbäckiger gesunder Bub von acht Monaten musste sich mit all seiner Kraft gegen mein Vorhaben, ihn kinderärztlich zu untersuchen, wehren. Er schrie und zappelte und war außer sich im wahrsten Sinne des Wortes. Er war mit nichts zur Ruhe zu bringen. Da fing ich einfach an, in die Aufregung hinein: «Dub–dub – dub – dub – dub, zub – zub – zubbele – zub» zu sprechen, wobei ich versuchte so ein zappelndes Füßchen an den Zehen zart antippend zu berühren und! – es ging nicht lange, da hielt der Fuß still und es kam mir der zweite Fuß entgegen, es kam ein Händchen und noch eines, der ganze, außer Rand und Band geratene kleine Mensch ordnete sich unter Vergnügen und lockerte sich und lachte und strahlte.
Ganz nebenbei, aber natürlich nach unserem Liebkoschen habe ich ihn untersucht und wir waren beide zufrieden.

Dr. S., Stuttgart

M., vier Jahre alt, war ein rundum gesundes Kind, aber ein kleiner Tyrann. Wenn er die Führung und das Sagen hatte, war das Zusammensein mit ihm eine Freude. Aber wehe, wenn es anders lief, als er es wollte! Die Eltern waren am Ende ihrer Kraft.
Dann kam er zu mir zur Therapie. In den beiden ersten Stunden durfte er sich einfach zeigen: er umwickelte zum Beispiel die Mutter und mich, die wir uns gegenübersaßen, mit einer langen Schnur und stellte befriedigt fest: «Ihr seid im Gefängnis und ich bin der Gefängniswärter.» Im Laufe der dritten Therapiestunde sagte ich: «Heute habe ich auch eine gute Idee, was wir zusammen machen können.» Er stutzte und ich fing einfach an mit «Ulle-wulle» (enthalten in *Die tanzende, spielende Hand* von Wilma Ellersiek). Er schaute kurz zu, wurde innerlich stockstaff und sagte: «So einen Quatsch mache ich nicht mit!» und verschwand unter dem Tisch. Ich erwiderte: «Ich habe jemanden der gerne mitmacht.» Dann setzte ich eine Puppe auf seinen Platz. Mit dieser Puppe machte ich mehr als drei Monate all die Spiele, die ich für M. ausgewählt hatte. Er verschwand in jeder Therapiestunde unter dem Tisch und blieb dort ruhig sitzen. Nach mehreren Wochen kam es vor, dass er die Tischdecke hob und kurz schaute, was ich da mache. Wieder einige Stunden später stand er plötzlich neben seinem Stuhl, schaute zu, aber dann durchfuhr es ihn, man sah es förmlich, «ich verliere ja die Führung» und er verschwand wieder unter dem Tisch. Nachdem etwa vier Monate vergangen waren, in denen er wöchentlich eine Therapiestunde bekommen hatte, setzte er sich wie selbstverständlich auf seinen Stuhl und machte alle Spiele mit, die er ja unter dem Tisch kennengelernt hatte. Nach und nach fand er auch Gefallen an den Liebkoschen. Ich hatte den Eindruck, er war wieder Kind geworden. Die große Anspannung, die das Bestimmenwollen erforderte, war abgefallen. Er konnte wieder nachahmen.
Ich musste während dieser Zeit durch heftige Zweifel und Anfechtungen gehen, ob ich überhaupt auf dem richtigen Weg bin. Aber die Geduld und der Gleichmut haben sich gelohnt.

I. M., Hannover

Die Wirkung der Spiele bei kranken Kindern

Da ist Robert, fünfeinhalb Jahre alt und an all seinen Extremitäten spastisch gelähmt. Er ist beständig in Bewegung und nichts an ihm kann ruhen. Wenn er «sein Liebkoschen» (er liebt besonders «Eia-Beia-Backchen») bekommt, oder wenn er «Ulle-wulle» mitsprechen darf, dann ist er von Kopf bis Fuß nur Konzentration und die Ruhe selbst. Er kann in solchen Augenblicken weit über sich hinaus wachsen, hat die Sprache einigermaßen zur Verfügung und seine Bewegungen auch. Wie er sich müht mitzusprechen und in der Gestik mitzuhalten, und wie glücklich ihn das macht, ist ein eindrucksvolles Erlebnis.

Wir von der Kinderklinik sind überzeugt, dass Ihre Handgestenspiele über die üblichen Fingerspiele weit hinausgehen und eine segensreiche, therapeutische Wirkung haben, dass sie in der ihnen eigenen Kombination von Bewegung, Sprache und Rhythmus (Musik) unseren Kindern verlorenes Land zurückgeben und dabei uns allen neues Land erschließen.

Dr. S., Stuttgart

Bericht eines Kinderarztes (Heilpädagogische Praxis)

Eindrucksvoll zeigt sich die Wirkung der Liebkoschen bei Therapien für Kinder mit seelischen Störungen. Der fünfjährige T. mit schwerem Hospitalismus und Autismus, der kaum sprach und wenn er es tat, dann mit piepsiger Stimme, drehte sich am liebsten auf allen vieren um sich selbst. Er lehnte Kontakt auf allen Ebenen weitgehend ab, geschlossene Fenster ertrug er nicht. Durch die regelmäßige Arbeit einer Heilpädagogin, die die Handgesten- und Berührungsspiele von Frau Professor Wilma Ellersiek als Zentrum ihrer Therapie hat, entwickelte T. allmählich eine zunehmende Offenheit und Vertrauen. Mittlerweile ist T. erwachsen. Anlässlich eines Besuches fragte er die Therapeutin: «Sie haben doch früher bei mir so was Schönes gemacht, können Sie mir das noch einmal zeigen?» Bereitwillig und freudig ließ er das «Eia-Beia-Backchen» an sich machen. T. hat inzwischen einen mittleren Schulabschluss einer Regelschule bewältigt und ist lebenstüchtig geworden.

Dr. J. M., Hannover

Bericht einer Krankengymnastin

Ich arbeite als Krankengymnastin mit behinderten Kindern. Ihre Liebkoschen haben für meinen Berufsalltag sehr viel Bedeutung für mich bekommen. Als ich Ihre Spiele zum ersten Mal erlebte, empfand ich ein großes Glück, weil mich als Schwedin erst durch die Gesten die deutsche Sprache emotional und geistig tief erreichte. Seither benütze ich in meiner Therapie die Liebkoschen, damit fange ich an und höre auch damit auf. Ich bin erfreut wie ich damit die Kinder erreichen und ihre Nachahmungskräfte wecken kann. Die Therapie wird dadurch allumfassend unterstützt. Für die Kinder und mich sind alle Ihre Spiele strahlende Sternchen im Therapie-Alltag.

A.-Ch. H.-E., Barsinghausen

Aus der Arbeit mit gehörlosen Menschen

Mangelnde Sprachbeherrschung ist für ein menschliches Wesen eine der furchtbarsten Katastrophen, denn nur mittels der Sprache können wir uns das Menschsein und die menschliche Kultur wirklich aneignen, frei mit unseren Mitmenschen kommunizieren und Informationen aufnehmen und weitergeben. Sind wir dazu nicht in der Lage, so sind wir auf bizarre Weise verkrüppelt und abgeschnitten, ja, wir können möglicherweise unsere geistigen Fähigkeiten so wenig umsetzen, dass wir den Eindruck Geistigbehinderter machen.

Gehörlosigkeit, wenn dem nicht vorgebeugt wird, kann zu einem Zustand führen, in dem der Betroffene sprachlos und unfähig zu denken ist. Sprache ist ein Teil des Denkens.

Im Bereich der Psychomotorik zeigen hörgeschädigte Kinder ebenfalls häufig Störungen. Diese zeigen sich in der verminderten Fähigkeit des Kindes, seine Bewegungen zu planen und zu steuern. Es hat zum Beispiel Schwierigkeiten, Sprache und rhythmische Bewegung wie Klatschen oder Gehen zu koordinieren. Ein berühmter Gehörlosenpädagoge – Antonius van Uden – an dessen Schule ich die ersten Einblicke in die rhythmische Erziehung bei Gehörlosen gewann, sagt in seinem Buch *Die Welt der Sprache für gehörlose Kinder*: «Gehörlose Kinder haben ein fundamentales Bedürfnis an eine totale rhythmische Erziehung von Kindheit an.»

Wie kann man aber rhythmisch-musikalische Erziehung an Gehörlose Kinder im Vorschulalter heranbringen? Ich versuchte vieles auf empirische Weise und aus Phantasie und Intuition und manches ist mir wohl auch durch meine Erfahrungen gelungen. Erst als ich die Handgestenspiele und die Spielkomplexrhythmik von Frau Professor Wilma Ellersiek kennenlernte, hatte ich das, was ich suchte, gefunden. Dieses Modell, für Vorschulkinder entworfen, ist auf wunderbare Weise gerade auch für gehörlose Kleinkinder der Weg, der ihnen hilft, die Tür zur Sprache zu öffnen. All die Spiele: vom Entchen Bibberlein, vom Wind, von Pöm und Pam, vom Kobold – immer wieder, viele Male zusammen mit den hörenden Kindern und den Müttern gespielt, erweckt ihre Neugier und bewirkt ihr Staunen, bis sie anfangen, ihre Hände und Lippen mitzubewegen. Oft dauert es Wochen und Monate, bis dieses rhythmische Bewegen sie erfasst, aber es prägt sich ihnen ein. Es ist dann ein Freudentag, wenn das gehörlose Kind anfängt mit zu brummeln und mit zu «singen». Die Logopädie und die Gehörlosenpädagogik kann die Rhythmik nicht ersetzen, aber sie trägt dazu bei, das Sprechen zu einer fröhlichen Angelegenheit zu machen. Das gehörlose Kind, in das rhythmische Spiel eingetaucht, erlebt den Zusammenhang zwischen Wort und Tun, zwischen Wort und Hand (Handgesten). Es erlebt die Verwandlung in eine Blume, in einen Baum und indem es zur Blume, zum Baum wird, durch die nachahmende Bewegung, versteht es, was eine Blume, ein Baum ist. Die Verschränkung von Bewegung und Sprache und die Einheit von Bewegung und Sprache ist der Zauberschlüssel, der im frühkindlichen Alter dem hörgeschädigten Kind die Tür zur Sprache öffnen kann.

U. B.-M., Stuttgart

Aus einer Schule für seelenpflegebedürftige Kinder

Lange Zeit habe ich mit meinen seelenpflege bedürftigen Erstklässlern das «Ma-ma-meh» gemacht. Die Kinder legten sich auf den Boden, geduldig wartend, bis sie an die Reihe kamen. Der stampfende, brüllende Volker wurde sanft und still. Julia, die jüngste, saß eines Tages im Anschluss an das Spiel noch lange am Boden und betastete ihre Füße. «Ich habe Füße?», sagte sie und sah mich fragend an. Julia hatte ihre Füße entdeckt.

Lars ertrug die Berührung nur bis zum Bauch hinauf. Jeder Berührung des Kopfes wich er aus. Nach Wochen beobachtete er, dass ich mit einem Kind «Eia-Beia-Backchen» spielte. Er stellte sich neben mich und sagte sehr leise: «Mach das auch mit mir.» Sehr langsam und behütend hielt ich meine Hände über seinen Kopf. Mit geschlossenen Augen und steifem Hals ertrug er diese Nähe.

Die mit einem besonderen und schweren Schicksal beladenen Kinder haben durch die Handgesten- und Berührungsspiele eine Inkarnationshilfe bekommen.

A. K., Hannover

Die Wirkung der Spiele bei Erwachsenen und alten Menschen

Die Wirkung des «Eia-Beia-Backchen» bei einer Erwachsenen

Seit mehreren Jahren begegne ich in den Ferien jedesmal Frau J. die auch als Gast dort weilt. Frau J. ist über 70 Jahre alt und sitzt im Rollstuhl. Eines Tages wirkte sie am Abend besonders erschöpft. Beim Gutenachtsagen fragte ich, ob ich ihr «etwas schenken» dürfte, und machte nach ihrer Einwilligung bei ihr das «Eia-Beia-Backchen». Sie saß ganz still, ein Glanz lag auf ihrem Gesicht und sie wirkte wie zutiefst befriedet.
Bei jedem gemeinsamen Aufenthalt bat sie mich fortan um das «Geschenk». Letztesmal sagte sie: «Ach, machen Sie mir doch bitte noch einmal den ‹Segen›». Sie meinte das «Eia-Beia-Backchen».

K. H. , Hannover

Erlebnis mit «Weiches Schöpfele» im Altenpflegeheim

M. kam zu meiner Betreuung etwas verspätet. Sie wirkte hastig, ließ mehrfach etwas fallen, stieß verschiedentlich an. Sie entschuldigte sich. Die Nervosität nahm zu und ich fragte sie, was mit ihr sei. Sie sagte, dass es heute ganz schlimm sei, weil Mitarbeiter krank seien und sie zu ihrem ohnehin vollen Programm noch viel mehr Arbeit tun müsse. Sie sei im Stress und hetze nur noch atemlos durch die Zimmer. Ich bat sie, trotz der fehlenden Zeit erst einmal hinzusitzen. Dann sagte ich, sie möchte sich von mir einmal «betreuen» lassen und machte das «Weiche Schöpfele» bei ihr. Mehr und mehr ließ ihre Verspannung nach und sie schloss ihre Augen. Am Ende des Berührungsablaufs atmete sie tief und erlöst durch. Auf meine Bitte blieb sie noch einige Minuten mit geschlossenen Augen sitzen um das Spiel nachklingen zu lassen. Auf ihrem Gesicht lag ein leichtes Lächeln. Sie war ganz ruhig geworden. Dann arbeitete sie weiter. Alle Hast war aus ihren Bewegungen verschwunden, behende und sicher führte sie ihre Arbeit bei mir zu Ende.
Danach stellte sie sich lächelnd vor mich hin, hob und senkte die Arme mit einer tiefen Ausatmung und sagte staunend: «Alles weg (die Unruhe) So guttt, so guttt. Wie ein Wuundär. Daanke sär.» Sie ging leichten Schrittes hinaus. (M. ist Polin)

W. E., Öschelbronn

«Alle fünf sind deine»

Als ich ins Altenpflegeheim kam, lag meine Nachbarin Frau M. schon seit zwei Jahren total bewegungsunfähig bis auf den Kopf, den sie etwas hin- und herwenden konnte, im Bett. Die Finger der an die Brust angezogenen Hände, waren total verkrampft. Geistig war sie hell, nahm auf allen Ebenen wahr, was um sie herum geschah. Manches Mal kommentierte sie etwas mit unartikulierten Lauten. Als ich sie bei meinem ersten Besuch begrüßte, hob sie mir andeutungsweise ihre Hand entgegen. Das weckte meine Aufmerksamkeit und ich versuchte das «Alle fünf sind deine» bei ihr zu machen. Ich begann mit leicht veränderter

Reihenfolge mit «dub – dub» auf die in die Hand gepressten Fingernägel, tippte behutsam, doch rhythmisch betont, vom kleinen Finger bis zum Daumen. Dann begann ich vom Daumen an die Finger soweit es ging zu lösen, dabei melodiös sprechend. Nach dem Ablauf hüllte ich die Hand mit meinen beiden Händen zart ein und wiegte sie sanft, soweit es möglich war. Frau M. die die Augen zuvor geschlossen hatte lag jetzt mit weit geöffneten Augen staunend da. Nun machte ich nachmittäglich mit Frau M. diesen Ablauf. Jedesmal sah ich diese staunenden Augen, Frau M. konnte es offenbar nicht fassen, dass sich ihre Finger und Hände bewegen ließen. Nach eineinhalb Wochen huschte, als ich begann, ein Lächeln über ihr Antlitz und am Ende entrang sich ihrer Brust ein tiefer Seufzer der Erleichterung, lange Gestautes begann sich in ihr zu bewegen und zu lösen. Später kam dann noch ein Artikulationsversuch dazu: Es tönte «Ng aankö!» Das war ein Danke! Über viele Wochen machte ich diese Berührungsfolge mit rhythmisch-melodisch gestalteter Sprache, vergrößerte dabei allmählich die Schwingung und nahm das Streichen der Finger von der Wurzel bis zu den Spitzen hinzu. Das war in den Monaten möglich geworden.

Nach etwa sechs Monaten erlebte ich, dass Frau M. ihre Hand gelöst hochhielt und mit melodischem Summen diese leicht öffnete und schloss und sanft hin- und herwiegte. Ich blieb wie angewurzelt stehen, was ich da sah war kaum fassbar. Aber es wurde noch mehr möglich! Wir beide kamen dahin, dass Frau M. den Zeige- und den Mittelfinger so lösen und halten konnte, dass sie, wenn ich ihr die Hand führte, und die Choroi-Kinderharfe entsprechend günstig hinhielt, Töne und später sogar kleine Melodien zupfen konnte. Es war erschütternd und tief bewegend für mich, das intensive Bemühen dieses schwer behinderten Menschen zu erleben. Mehrere Male überraschte sie mich, dass sie, wenn ein Ton gezupft wurde, der nicht in die Melodienfolge passte, energisch protestierte. Als bei der Wiederholung der richtige Ton erklang, sagte sie deutlich: «Daas isser!» Die «Arbeitsatmosphäre» war voller Freude und jedesmal am Ende das «Ng aankö» und ein lauter, befreiender Seufzer. Dann lag sie mit strahlendem Antlitz und dem Ausdruck tiefer Befriedigung in ihrem Bett.

Zweimal kam der Arzt hinzu als wir «arbeiteten» er stand dabei, hörte und schaute stumm zu. Staunen erfüllte ihn. Schließlich hob er die Augenbrauen und schüttelte verwundert seinen Kopf. Er dankte mir und bat um Fortsetzung dieser «Arbeit» (mit diesem «Spiel»). Welche Verwandlung von einem gequälten Bündel Mensch zu einem physisch, seelisch und geistig tätigen Menschen war in Gang gesetzt, durch ein kleines künstlerisch gestaltetes Fingerberührungsspiel.

W. E., Öschelbronn

Wilma Ellersiek, ein Leben für den Rhythmus

In einem kleinen Ort in Schleswig-Holstein, direkt an der Ostseeküste erblickte Wilma Ellersiek am 15. Juni 1921 das Licht der Welt. Mit dem Rhythmus der Wellen, dem Rauschen des Windes mit Hunden, Katzen, Hühnern, Enten und einem Pferd als Spielkameraden erlebte sie eine naturverbundene Kindheit. Ihre Freunde waren, wie sie selbst sagt, die Blumen, die Bäume, der Sand und die Sterne. Aber besonders das Phänomen des Rhythmus, das am Meer in vielschichtiger Weise erlebbar ist, wird Wilma Ellersiek ihr ganzes Leben lang begleiten. Rückblickend empfindet sie ihre Kindheit als ein fast himmlisches Leben im Rhythmus der Natur. Im Elternhaus bekommt sie Anregungen im musikalisch-künstlerischen und sprachlich-literarischen Bereich. Einerseits die Natur, andererseits die Kultur – eine ideale, wundervolle und aufbauende Atmosphäre zur Menschwerdung.

Im Jahr 1927 zieht die Familie Ellersiek nach Westfalen. Wiederum hat die kleine Wilma das Glück, neben einem Bauernhof zu wohnen, die geliebten Tiere bleiben also weiterhin ihre Kameraden. Neu ist für sie der Eindruck der im Wind wogenden Kornfelder, eine andere Art von rhythmischer Wellenbewegung. Jetzt kommen auch erste Kinderbegegnungen im Kindergarten und bald schon in der Schule hinzu. Die gemeinsame Zeit ist erfüllt vom Singen, Tanzen und Deklamieren, ja, die ganze Kinder- und Jugendzeit empfindet sie in der Rückschau als eine von Musik und Rhythmus durchdrungene Zeit – eine gute Basis für ihren späteren Werdegang.

Wilma Ellersiek beendet die Schule mit dem Abitur und beginnt im Jahr 1941 in Leipzig zu studieren. Sie belegt zunächst die Fächer Schulmusik, Germanistik und Kunstgeschichte. Durch eine schwere Erkrankung muss sie das Studium unterbrechen, hinzu kommen Kriegswirren, die im Jahr 1945 die Familie dazu zwingen, aus dem Osten zu fliehen. In Essen nimmt Wilma Ellersiek ihr Studium an der Folkwangschule wieder auf, allerdings wechselt sie den Studiengang. Das neue Fach ist die rhythmisch-musikalische-Erziehung. Dieses Studium setzt sie in Stuttgart an der Staatlichen Hochschule für Musik und Darstellende Kunst fort. Dort bekommt sie Unterricht bei Elfriede Feudel, der Meisterschülerin des Begründers der Rhythmik, Emile Jaques-Dalcroze. Wilma Ellersiek belegt in Stuttgart außer der Rhythmik auch den Studiengang Sprecherziehung und schließt beide Fächer 1957 mit dem Staatsexamen ab. Die Rhythmik ist ihr jetzt zum Lebensinhalt geworden. Sie bleibt als Assistentin an der Stuttgarter Musikhochschule in den Abteilungen «Rhythmik», «Schauspiel» und «Gesprochenes Wort». Nach der Assistenzzeit wird ihr eine Dozentenstelle angeboten, später wird sie Professorin. Neben ihrer Arbeit an der Hochschule führt sie Regie an Opern- und Schaupielhäusern, unter anderem in Stuttgart, Wien und London.

Wieder ist es eine schwere Erkrankung, die einen entscheidenden beruflichen Umbruch einleitet, und wieder ist es der Rhythmus, der sie fasziniert. Wilma Ellersiek wendet sich nun der Erforschung des Rhythmus in seiner Wirkung in der Bewegung, in der Sprache und in der Musik speziell beim kleinen Kind zu. Ihre Arbeit an diesem Thema erregt Aufsehen, 1968 erhält sie vom Land Baden-Württemberg einen einschlägigen Forschungsauftrag. Aus diesem Impuls heraus entstehen die ersten «Gestenspiele» für das Kind im Vorschulalter. Aus diesen kleinen Gestenspielen entwickelt sie Schritt für Schritt, mit beneidenswerter Intuition, aber auch enormer Akribie und Sorgfalt große, zusammenhängende Spieleinheiten in gereimter Sprache, durchwoben vom Rhythmus und der Musik. Sie nennt ihre Kurse zunächst «Elternschule», denn ihre Idee ist es, die Kinder zusammen mit den Müttern oder den Vätern zu unterrichten. Die Stuttgarter Musikhochschule richtet innerhalb des Faches Rhythmik für Wilma Ellersiek in den späten sechziger Jahren den Teilbereich «Rhythmik in der Vorschulzeit» ein. In diese Zeit fällt auch die Begegnung mit der «Urmutter» der Waldorfkindergärten, Klara Hattermann, mit der sie sich bis zum heutigen Tag in inniger Feundschaft verbunden fühlt. Klara Hattermann nimmt die neuen Spiele mit Interesse wahr, sie begleitet Wilma Ellersiek durch mancherlei Schwierigkeiten und ermutigt sie immer wieder weiterzumachen, sie trägt die Spiele in Kursen in die Welt hinaus – wie auch einige von Wilma Ellersieks Stuttgarter Studentinnen. Nach 25 Jahren intensiver Lehrtätigkeit verlässt sie 1983 die Hochschule und geht in den Ruhestand. Der Lehrpflicht enthoben, wird Wilma Ellersiek besonders kreativ. Viele Spiele entstehen jetzt, darunter all die Liebkoschen und die vielen Wiegenlieder. In dieser Zeit bildet sich auch in Hannover um Klara Hattermann ein Interessenkreis, der sich intensiv um all die Spiele von Wilma Ellersiek bemüht und für die möglichst urhebergetreue Verbreitung sorgt.

Die Spiele von Wilma Ellersiek sind der Natur abgelauscht, in phänomenologisch stimmiger Weise gelingt es ihr im künstlerisch gestalteten Rhythmus der Sprache und den entsprechend passenden Bewegungen, den Wind, die Blumen, die Tiere, die Sonne, den Mond und die Sterne in kleine musikalische Geschichten dem Kind nahe zu bringen. Auf diese Weise schenkt sie den Kindern heute von ihrer eigenen naturverbundenen Kindheit etwas, durch die in den Spielen schwingenden heilsamen, natürlichen Rhythmen.

Ingrid Weidenfeld

Anmerkungen

1 Karl Lorenz, *Rhythmik in der Erziehung,* Heft 3 / 1981, Kallmeyer, Wolfenbüttel.
2 *Nachahmend lebt sich das Kind in die Welt ein.* Aufsatz von Klara Hattermann, erschienen im Weleda-Almanach.
3 *Die vorgeburtliche Bindung zwischen Mutter und Kind.* Aufsatz von Dr. Jürgen Möller, Hannover.
3 Emmi Pikler, *Friedliche Babys – zufriedene Mütter. Pädagogische Ratschläge einer Kinderärztin.* Freiburg ^{10}2000.

Adressen

Arbeitskreis für die Spiele von W. Ellersiek
c/o Margret Costantini
Im Bruche 3, 30519 Hannover

Kindergarten-Seminar Hannover
Rudolf-von-Bennigsen-Ufer 70c
30175 Hannover
Telefon (05 11) 88 40 33

Internationale Vereinigung der
Waldorfkindergärten e.V.
Heubergstraße 18
70188 Stuttgart
Telefon (07 11) 9 25-7 40
Internet: www.waldorfkindergarten.org
E-Mail: inter.waldorf@t-online.de

Ingrid Weidenfeld
Bodelschwinghstraße 7
70597 Stuttgart

Wilma Ellersiek

Wiegen- und Ruhelieder in der Quintenstimmung

Herausgegeben von Ingrid Weidenfeld.
102 Seiten mit zahlreichen Illustrationen von Friederike Lögters, gebunden.

Von vielen Menschen wird dieses Buch schon lange sehnlichst erwartet. Es ist der erste Band des Werkes von Wilma Ellersiek, das damit erstmals publiziert wird. Die Erfahrungen und Erkenntnisse eines langen Lebens leuchten in den scheinbar schlichten Wiegen- und Ruheliedern für das kleine Kind auf. Die lange Beschäftigung mit der frühkindlichen Entwicklung bei gleichzeitigem Studium der Anthroposophie brachten der Autorin ein unvergleichliches Einfühlungsvermögen in das Wesen des kleinen Kindes. Aus diesen Erfahrungen heraus sind die Wiegen- und Ruhelieder entstanden, die durchwegs in der Quintenstimmung mit dem Zentralton a gehalten sind und von entsprechenden Gebärden begleitet werden.

Verlag Freies Geistesleben

März:
- Nisthilfenwerkstatt – *Nestwärme für Vogelkinder*
- Säen, Keimen, Wachsen – *Das Licht der Welt erblicken*

April:
- Lebens(t)räume schaffen – *Damit uns die Luft nicht ausgeht*

Mai:
- Gestalten mit Pflanzenfarben – *Damit es uns nicht zu bunt wird*
- Milchverarbeitung, Imkerei – *Wenn Milch und Honig fließen*

Irmgard Kutsch / Brigitte Walden

Natur-Kinder-Garten-Werkstatt – Frühling

Vom Wiederentdecken des Ursprünglichen.
112 Seiten mit zahlreichen farbigen Abbildungen, gebunden.

Die *Natur-Kinder-Garten-Werkstatt* ist eine Reihe mit vier Bänden zu den vier Jahreszeiten und stammt unmittelbar aus der Alltagspraxis der 1994 gegründeten «Natur-Kinder-Garten-Werkstatt Reichshof e.V.». Sie wendet sich an ErzieherInnen und LehrerInnen und will zu einer naturnahen Erziehung ermutigen. In einzelnen Werkstattepochen werden die Kinder mit jeweils anderen Naturvorgängen bekannt gemacht. Dabei wird das kindliche Weltinteresse auf ursprüngliche Weise wieder wachgerufen, und die einseitig belasteten Sinne werden ganzheitlich angesprochen.
Jeder Band ist in sich abgeschlossen und zum unmittelbaren Gebrauch in der Kindergarteneinrichtung und in den ersten Klassen der Unterstufe gedacht.

Verlag Freies Geistesleben

Irmgard Kutsch / Brigitte Walden

Natur-Kinder-Garten-Werkstatt – Sommer

Vom Wiederentdecken des Ursprünglichen.
88 Seiten mit zahlreichen farbigen Abbildungen, gebunden.

«Der Gesellschaft, den Schulen und Kindergärten, den Einrichtungen der freien Jugendarbeit ist eine neue Aufgabe zugewachsen, nämlich den Kindern zurückzugeben, was ihnen zusteht: die elementaren Erlebnisfelder. In dieser Richtung voranzuschreiten wird Mut zum Experimentieren und zum Verlassen eingefahrener Geleise erfordern. Solchen Mut beweisen Irmgard Kutsch und Brigitte Walden. Wir sollten uns ein Beispiel daran nehmen und die Gelegenheit ergreifen, von ihnen zu lernen.»

Aus dem Geleitwort von Henning Köhler

Juni:
- Kräuterverarbeitung – *Den Kräutern wohnt ein Zauber inne*
- Schmetterlinge züchten – *Gaststube für Verwandlungskünstler*

Juli:
- Wasser, Erde, Luft und Feuer – *Jedem sein Element*

August:
- Vom Korn zum Brot – *Von der Kunst, ein Eigenbrö(d)tler zu sein*

Verlag Freies Geistesleben

Irmgard Kutsch / Brigitte Walden

Natur-Kinder-Garten-Werkstatt – Herbst

Vom Wiederentdecken des Ursprünglichen.
96 Seiten mit zahlreichen farbigen Abbildungen, gebunden.

«Zahlreiche Anregungen werden in diesem Band vermittelt – als praktische Anleitung und als philosophisch-pädagogische Vertiefung. Beim Lesen und beim Betrachten der lebensvollen Bilder bekommt man Lust zum Mitmachen, Mitfühlen, Miterleben. Und genau das ist auch beabsichtigt. Die Natur-Kinder-Garten-Werkstatt hat ihre Tore weit geöffnet für alle, die mitarbeiten möchten.
Ich wünsche Irmgard Kutsch und Brigitte Walden von Herzen, dass sie mit ihrer wertvollen Arbeit und mit ihren lebendigen Büchern viele Menschen erreichen und viele Kinder glücklich machen.»
Aus dem Geleitwort von Marie Luise Kreuter, Gartenbuchautorin

September:
- Obst und Gemüse ernten – *Der Mensch lebt nicht vom Brot allein*

Oktober:
- Flechtwerkstatt – *Drunter und drüber erwünscht*
- Hausbauwerkstatt – *Wer will schon ständig aus dem Häuschen sein?*

November:
- Pflege unserer Vogelwelt – *Gastlichkeit für Hungerleider*
- Bienenwachswerkstatt – *Damit uns ein Licht aufgeht*
- Papierwerkstatt – *Bitte ganz aus dem Rahmen fallen*
- Basteln und Malen ohne Gift – *Verbindungen schaffen*

Verlag Freies Geistesleben

Dezember:
- Adventswerkstatt – *Alle Jahre wieder?*

Januar:
- Wollwerkstatt – *Vom Faden, den man nicht verlieren mag*

Februar:
- Gestalten mit Weiden – *Aus Hecken werden Häuser*
- Holzwerkstatt – *Von Hölzchen und Stöckchen*
- Tonwerkstatt – *Jedem Topf sein Deckelchen*

Irmgard Kutsch / Brigitte Walden

Natur-Kinder-Garten-Werkstatt – Winter

Vom Wiederentdecken des Ursprünglichen.
112 Seiten mit zahlreichen farbigen Abbildungen, gebunden.

«Wir wünschen Irmgard Kutsch und Brigitte Walden, dass ihr Werk und ihr Funke viele Erzieherinnen und Eltern erreichen und zum Engagement in der Natur anregen werden, sodass möglichst viele Kinder in der ‹heilen, gesunden Welt› einer Natur-Kinder-Garten-Werkstatt aufwachsen und die Wunder der Natur nachhaltig erleben können. Denn damit wird das Samenkorn gelegt für ein Leben mit Verantwortung für die Natur.»
Dagmar Israel, Deutsche Umwelthilfe, Geschäftsführerin des Regionalverbands DUH-Nord BUND Niedersachsen / NABU Niedersachsen

Verlag Freies Geistesleben